A *LAUDATO SI'*
NO PENSAMENTO SOCIAL DA IGREJA

Da ecologia ambiental
à ecologia integral

ECOS DE FRANCISCO

AGENOR BRIGHENTI

A *LAUDATO SI'*
NO PENSAMENTO
SOCIAL DA IGREJA

Da ecologia ambiental
à ecologia integral

Paulinas

Dados Internacionais de Catalogação na Publicação (CIP)
(Câmara Brasileira do Livro, SP, Brasil)

Brighenti, Agenor
  A Laudato Si'no pensamento social da Igreja : da ecologia ambiental à ecologia integral / Agenor Brighenti. -- São Paulo : Paulinas, 2018. -- (Coleção ecos de Francisco)

  Bibliografia.
  ISBN 978-85-356-4399-2

  1. Ecologia - Aspectos sociais 2. Ecologia humana - Aspectos religiosos - Igreja Católica - Documentos papais 3. Francisco, Papa, 1936 - 4. Teologia social I. Título II. Série.

18-14370   CDD-261.836

Índice para catálogo sistemático:
1. Ecologia : Teologia social 261.836

1ª edição – 2018

Direção-geral: *Flávia Reginatto*
Editores responsáveis: *Vera Ivanise Bombonatto e João Décio Passos*
Copidesque: *Mônica Elaine G. S. da Costa*
Coordenação de revisão: *Marina Mendonça*
Revisão: *Sandra Sinzato*
Gerente de produção: *Felício Calegaro Neto*
Projeto gráfico: *Manuel Rebelato Miramontes*
Capa e diagramação: *Tiago Filu*

Nenhuma parte desta obra poderá ser reproduzida ou transmitida por qualquer forma e/ou quaisquer meios (eletrônico ou mecânico, incluindo fotocópia e gravação) ou arquivada em qualquer sistema ou banco de dados sem permissão escrita da Editora. Direitos reservados.

Paulinas
Rua Dona Inácia Uchoa, 62
04110-020 – São Paulo – SP (Brasil)
Tel.: (11) 2125-3500
http://www.paulinas.com.br – editora@paulinas.com.br
Telemarketing e SAC: 0800-7010081
© Pia Sociedade Filhas de São Paulo – São Paulo, 2018

Sumário

Tabela de siglas 7

Introdução 9
    O texto e o conteúdo da Encíclica 9
    A *Laudato Si'* no Pensamento Social da Igreja 11
    A estrutura deste livro 15

Laudato si' e magistério social da Igreja 17
    1. Ecologia, fé cristã e compromisso social 18
    2. A *Laudato Si'* no itinerário do magistério social pontifício ... 24

A ecologia no Pensamento Social da Igreja.
Da *Rerum Novarum* à *Laudato Si'* 35
    1. Ecologia "criacional" 36
    2. Ecologia ambiental 38
    3. Ecologia humana 40
    4. Ecologia integral 42

A ecologia como nova chave de leitura do magistério
social da Igreja 47
    1ª Chave de leitura: a Igreja diante do liberalismo, do
    socialismo e dos totalitarismos 48
    2ª Chave de leitura: o subdesenvolvimento do hemisfério Sul
    como subproduto do desenvolvimento do hemisfério Norte 51

3ª Chave de leitura: o desafio do pluralismo dos sistemas socioeconômicos e a presença dos cristãos na vida pública 55

4ª Chave de leitura: globalização e inclusão social 58

5ª Uma nova chave de leitura: a ecologia 63

Chaves de leitura da *Laudato Si'* 67

1ª Chave de leitura: escutar o grito da terra, grito dos pobres (ver) 69

2ª Chave de leitura: superar o antropocentrismo e a tecnocracia (julgar) 73

3ª Chave de leitura: unir-se para promover uma ecologia integral (agir) 77

4ª Chave de leitura: a necessidade de uma conversão ecológica (celebrar) 79

Resumo sintético da encíclica 83

Capítulo I – O que está acontecendo com a nossa casa 85

Capítulo II – O Evangelho da criação 94

Capítulo III – A raiz humana da crise ecológica 102

Capítulo IV – Uma ecologia integral 109

Capítulo V – Algumas linhas de orientação e ação 114

Capítulo VI – Educação e espiritualidade ecológicas 122

Considerações finais 133

Referências bibliográficas 137

Tabela de siglas

CA	*Centesimus Annus*
CV	*Caritas in Veritate*
DAp	*Documento de Aparecida*
EG	*Evangelii Gaudium*
EN	*Evangelii Nuntiandi*
GS	*Gaudium et Spes*
JOC	*Juventude Operária Católica*
LE	*Laborem Exercens*
LG	*Lumen Gentium*
LS	*Laudato Si'*
Med	*Documento de Medellín*
MM	*Mater et Magistra*
OA	*Octogésima Adveniens*
PP	*Populorum Progressio*
PT	*Pacem in Terris*
QA	*Quadragesimo Anno*
RN	*Rerum Novarum*
SRS	*Sollicitudo Rei Socialis*

Introdução

A preocupação com a ecologia nunca foi uma questão ausente no magistério social da Igreja. Entretanto, a *Laudato Si'*, publicada pelo Papa Francisco em 2015, é a primeira encíclica a tratar exclusivamente da questão, grave nos dias hoje. De certa maneira, essa ênfase dada pelo Papa vem compensando o atraso em relação a respostas mais contundentes de outras instituições e iniciativas, já de longa data. Mas, felizmente, poucos documentos nesta área são tão profundos, completos e proféticos como a *Laudato Si'*, tanto que tem tido grande repercussão e também provocado reação, sobretudo no mundo da economia e da tecnocracia, dos que teimam em não reconhecer os limites dos recursos do planeta e que a nossa "casa comum" está depredada.

O texto e o conteúdo da Encíclica

O nome da Encíclica foi inspirado no Cântico de São Francisco de Assis – *"Louvado sejas, meu Senhor"* –, que recorda que a terra, a nossa casa comum, "se pode comparar ora a uma irmã, com quem partilhamos a existência, ora a uma boa mãe, que nos acolhe nos seus braços" (LS 1). Segundo as Escrituras, não estamos simplesmente "na" terra, "nós mesmos somos terra. O nosso corpo é constituído pelos elementos do planeta; o seu ar permite-nos respirar e a sua água vivifica-nos e restaura-nos" (LS 2). O subtítulo da Encíclica dá o teor da abordagem da questão ecológica na atualidade – "o cuidado da casa comum".

O texto está estruturado em seis capítulos, compostos de 246 parágrafos, seguidos de duas orações escritas pelo próprio Papa. O número 15 da Encíclica apresenta o conteúdo de cada capítulo:

- Capítulo 1: faz uma análise da situação da ecologia, recolhendo os dados disponíveis em pesquisas e estudos científicos;
- Capítulo 2: caracteriza a vocação do ser humano em relação ao Criador e à obra da Criação, em especial a partir dos relatos da Criação no livro do Gênesis, apontando para o antropocentrismo moderno como a raiz do pecado da agressão à natureza;
- Capítulo 3: mostra como a tecnocracia sequestrou a ciência e a técnica, em função de um economicismo desconectado tanto do ser humano quanto da natureza, que contribui para o consumismo e a cultura do descarte, sem levar em conta os limites dos recursos naturais;
- Capítulo 4: constitui o coração da Encíclica, apresentando a proposta de uma "ecologia integral", que inclua as dimensões humanas e sociais", intrinsecamente ligadas com a questão ambiental;
- Capítulo 5: apresenta linhas de ação, em especial, buscando um consenso através do diálogo honesto em todos os níveis da vida social, econômica e política, que redunde em processos de decisão em torno de iniciativas concretas, capazes de salvar o planeta;
- Capítulo 6: mostra que, para uma "conversão ecológica", faz-se necessária uma "espiritualidade ecológica", que deve impregnar a cultura e, especialmente, processos de educação para o cuidado da "casa comum".

O texto está pensado e apresentado em torno de alguns eixos temáticos, que perpassam todos os capítulos. Entre outros, se destacam:

- o valor intrínseco de cada criatura, que não necessariamente está a serviço do ser humano, embora este tenha um lugar proeminente na obra da Criação;
- como tudo está interligado, o grito da terra está estreitamente unido ao grito dos pobres, pois são estes as primeiras vítimas de um planeta enfermo;
- a crítica ao antropocentrismo moderno, fruto da tecnocracia, que sequestrou a ciência e a tecnologia, em função de um economicismo, que coisifica o ser humano e depreda a natureza;
- a urgente necessidade de promover uma ecologia integral, que englobe, além da ecologia ambiental, a ecologia humana, econômica, social, política, cultural, da vida cotidiana;
- um novo estilo de vida, baseado numa vida austera, como meio de um convívio respeitoso dos limites da natureza e coerente com a vocação do ser humano;
- a necessidade, além de urgentes ações locais pelos Estados nacionais, de uma governança mundial da crise ecológica, fruto de um consenso entre instituições e pessoas de boa vontade.

A *Laudato Si'* no Pensamento Social da Igreja

A *Laudato Si'* é uma Encíclica do magistério pontifício, que se insere no Pensamento Social da Igreja, nascido como um "corpo de doutrina sistemático", com a publicação da Encíclica *Rerum Novarum*, pelo Papa Leão XIII, em 1891. Entretanto, o compromisso dos cristãos com o mundo, a justiça social, os pobres ou a ecologia, não começa com o Pensamento Social da Igreja. É um dever dos cristãos que se funda na revelação bíblica e historicamente explicitado pela patrística, a escolástica medieval, a teologia moderna, o Concílio Vaticano II e vários documentos da Igreja, tanto em âmbito universal como local. Com a *Rerum Novarum*, entretanto, o compromisso dos cristãos com o mundo passou a ter um caráter mais vinculante e explícito com a fé cristã, até porque se tomou maior consciência da responsabilidade da Igreja com a edificação de uma sociedade justa e solidária. E documentos deste gênero se multiplicaram, seja no âmbito do magistério pontifício, seja em Conferências de Bispos em âmbito continental e nacional.

O Pensamento Social da Igreja não é uma "doutrina imutável". A *Gaudium et Spes* diz que a Igreja não tem todas as respostas aos problemas do mundo de hoje (*GS* 13). Daí o caráter dialogal dos documentos, também frisado pela *Laudato Si'*, pois reconhece o Papa a falta de consenso, na atualidade, ante as causas de crise ecológica. A Igreja aprende, no diálogo com as situações em contínua mudança, o que faz com que o Pensamento Social da Igreja, além de dialogal, seja também evolutivo. João Paulo II, na Encíclica *Sollicitudo Rei Socialis*, depois de afirmar a presença de elementos "permanentes", afirma que é também portador de outros "contingentes", "dado estar submetido às necessárias e oportunas adaptações sugeridas pela variação das condições históricas, assim como pelo constante fluxo dos acontecimentos em que se move a vida dos homens e das sociedades" (*SRS* 3). Com relação à ecologia, o caráter evolutivo do Pensamento Social da Igreja fica explícito, a começar pela própria concepção, por exemplo, que vai da "ecologia ambiental" até à "ecologia integral", o coração da proposta de compromisso dos cristãos neste campo da *Laudato Si'*.

A razão da intervenção da Igreja no campo social não é de ordem ideológica, mas deriva da missão recebida de Jesus Cristo. Como a Igreja é mediação da salvação da pessoa inteira e de todas as pessoas, a mensagem revelada incide também sobre a vida econômica, política, social, cultural e a ecologia. A inserção dos cristãos no social, pois, não deriva de uma competência técnica, mas sim de uma urgência evangélica. Lembra Paulo VI na *Evangelii Nuntiandi* que "não é possível aceitar que a obra de evangelização possa ou deva esquecer as questões extremamente graves que dizem respeito à justiça, à libertação, ao desenvolvimento e a paz no mundo. Se isso ocorresse, seria ignorar a doutrina do Evangelho a respeito do amor ao próximo, que sofre ou padece necessidade" (*EN* 31). João Paulo II, na *Sollicitudo Rei Socialis*, afirma: "quando a Igreja se ocupa do desenvolvimento dos povos, não pode ser acusada de ultrapassar seu campo específico de competência e, muito menos, o mandamento recebido do Senhor" (*SRS* 8). No imediato pós-concílio, o Sínodo dos Bispos de 1971 sobre a Justiça, já afirmava: "a ação em favor da justiça e a participação na transformação do mundo se apresenta a nós como uma dimensão constitutiva da pregação do Evangelho".

O Pensamento Social da Igreja, com a *Laudato Si'*, foi enriquecido em seus princípios de reflexão, com a introdução da ecologia, não como um tema, mas como uma ótica, uma questão transversal que perpassa os demais campos de ação, conformando um conjunto de referenciais obrigatórios, sempre que se vai pensar o compromisso dos cristãos com o social. Pelo menos oito princípios historicamente estão presentes no Pensamento Social da Igreja, agora enriquecidos por um nono – a ecologia ou o cuidado da casa comum. São eles:

1º a pessoa humana é necessariamente fundamento, causa e fim de todas as instituições sociais (*MM* 219);

2º a pessoa humana, pelo fato de haver sido criada à imagem e semelhança de Deus e elevada a um fim sobrenatural transcendente, tem uma dignidade inviolável, sempre um fim e nunca um meio, para nada e para ninguém (*PT* 9-10);

3º todo ser humano, por ser pessoa, tem direitos fundamentais que emanam de sua própria natureza, e que são universais, invioláveis e inalienáveis, e, decorrentes destes direitos, todo ser humano tem também deveres fundamentais (*PT* 9);

4º a pessoa humana, pela sua própria natureza, tem absoluta necessidade de vida social (*GS* 25), pois todos e cada um necessitam dos demais e da sociedade;

5º o bem comum deve ser considerado como a própria razão de existir dos poderes públicos (*PT* 54);

6º a solidariedade e a subsidiariedade são dois princípios que devem regular a vida social (*QA* 79);

7º a participação justa, proporcionada e responsável de todos os membros e setores da sociedade no desenvolvimento da vida social é o caminho seguro para conseguir uma melhor convivência humana;

8º todos os seres humanos nascem livres e iguais em dignidade e direitos fundamentais, por isso, toda forma de discriminação da pessoa, seja social ou cultural, por motivos de sexo, raça, cor, condição social, língua ou religião, deve ser eliminada, por ser contrária ao plano divino, que quer que todos se relacionem fraternalmente uns com os outros (*GS* 29);

9º há um destino universal dos bens, pois Deus destinou a terra e tudo o que ela contém para uso de todas as pessoas e povos, e, por isso, o direito de propriedade privada, em si legítimo, não deve ser estendido como algo absoluto e intocável, mas sempre como algo subordinado ao direito do uso comum (*LE* 14).

A estrutura deste livro

O objetivo deste livro é contribuir para uma melhor compreensão da Encíclica *Laudato Si'*. Para isso, propõe-se um itinerário de reflexão, em cinco pequenos capítulos.

No primeiro capítulo, situa-se a Encíclica do Papa Francisco no conjunto dos documentos do magistério social pontifício, que compõem o Pensamento Social da Igreja, desde a publicação da *Rerum Novarum* pelo Papa Leão XIII, em 1891. Procura-se mostrar a inter-relação entre fé cristã e compromisso social, de onde deriva o Pensamento Social da Igreja, que tem uma fase pré-conciliar e outra conciliar, esta última com uma perspectiva distinta.

No segundo capítulo, situa-se a questão da ecologia no Pensamento Social da Igreja, mostrando a evolução histórica do conceito nas diferentes Encíclicas sociais que foram sendo publicadas ao longo de mais de um século. A questão ecológica nunca esteve ausente, mas foi sendo entendida de modo mais abrangente, na medida em que os problemas foram se apresentando. Até chegar ao conceito de "ecologia integral" do Papa Francisco, a compreensão passou por uma ecologia "criacional", "ambiental" e "humana".

O terceiro capítulo apresenta a ecologia como uma nova "chave de leitura" do Pensamento Social da Igreja, que se soma pelo menos a outras quatro, que servem de parâmetro para uma abordagem global deste patrimônio histórico do magistério social. Mostra-se que a ecologia na *Laudado Si'* não é apenas um tema, mas uma ótica, da qual se lê a globalidade das diretrizes de compromisso dos cristãos com o social, que agora precisa ter igualmente presente o "cuidado da casa comum".

No quarto capítulo, propõe-se uma leitura global da *Laudato Si'*, a partir de quatro chaves de leitura, colocadas em relevo pelo Papa Francisco na estrutura do texto, que segue a trilogia do método "ver-julgar-agir", acrescido do momento de "celebrar". Na Encíclica, o método não apenas dá forma ao texto. Na medida em que o método também é mensagem, a Encíclica parte do imperativo cristão de ouvir "o grito da terra, gritos dos pobres", que nos remete ao "Evangelho da Criação", que mostra os limites do antropocentrismo moderno e da tecnocracia e que, por sua vez, nos desafia a promover uma "ecologia integral", que tenha numa "espiritualidade ecológica", a mística necessária para criar um novo estilo de vida, austero e sóbrio.

E para finalizar, o quinto capítulo apresenta um "resumo sintético" da Encíclica, nas palavras do próprio texto, elegendo o principal e o central da abordagem do Papa, o que não dispensa uma leitura e estudo da *Laudato Si'*, em sua totalidade.

Laudato Si' e magistério social da Igreja

A Encíclica *Laudato Si'* se insere dentro da longa tradição do magistério social da Igreja, que, no âmbito pontifício, começou com a *Rerum Novarum*, promulgada pelo Papa Leão XIII, em 1891. Dentre as onze Encíclicas sociais publicadas pelo magistério pontifício, a *Laudato Si'* é a primeira dedicada integralmente à questão da ecologia. A problemática estava presente nas Encíclicas anteriores, especialmente naquelas publicadas pelos papas João Paulo II e Bento XVI, mas a Encíclica do Papa Francisco é um marco no Pensamento Social da Igreja. É verdade que ela chega tarde, mas o atraso é compensado por sua qualidade e profetismo. A Igreja, historicamente acusada de ter escassa sensibilidade ecológica, precisava fazer da ecologia um tema transversal do compromisso dos cristãos no mundo. A natureza é criatura do Criador, confiada ao ser humano, sua criatura cocriadora, para "cuidá-la" e "cultivá-la", segundo mandato recebido e plasmado no livro do Gênesis.

Para melhor compreender o significado e o alcance da Encíclica *Laudato Si'*, convém começar por situá-la em relação à fé cristã e no conjunto do magistério social da Igreja, em especial do magistério social pontifício. *Laudato Si'* não é uma simples "encíclica verde", limitada ao meio ambiente, e muito menos fundada em motivações "ecologicistas" ou "naturistas". Advoga por uma "ecologia integral", respaldada pela fé cristã, que tem na mensagem revelada seu fundamento e horizonte. Além disso, embora seja a primeira encíclica social dedicada ao tema da ecologia, está na linha de continuidade da contribuição da Igreja para o compromisso social dos cristãos, também neste campo.

1. Ecologia, fé cristã e compromisso social

Há uma relação intrínseca entre ecologia, fé cristã e compromisso social dos cristãos. Embora uma ação pastoral devotada ao "cuidado da casa comum" seja uma realidade recente, a responsabilidade para com ecologia é um imperativo que deriva da própria fé cristã, que tem seus fundamentos na mensagem revelada. Ecologia tem a ver com evangelização, com missão da Igreja, com o serviço dos cristãos ao mundo; em resumo, ecologia tem a ver com salvação. Salvação não só do planeta, mas da própria humanidade. E não só salvação do ponto de vista das condições materiais da vida, mas da vida humana como um todo, também espiritual, pois o cuidado da "casa comum", mandato recebido do Criador, integra a vocação humana como um todo.

Não dá para falar de compromisso social dos cristãos sem incluir a ecologia, pois é impossível falar de fé cristã sem o engajamento dos fiéis na sociedade, no cuidado, defesa e promoção da vida, de toda espécie de vida, em especial dos seres humanos, criados à "imagem e semelhança" do Criador.

O compromisso social na Igreja primitiva e antiga

A relação entre fé cristã e compromisso social é intrínseca à revelação bíblica. No Antigo Testamento, em especial os profetas são expressão da voz de Deus em defesa da dignidade humana e da obra da Criação. No Novo Testamento, ninguém melhor do que Jesus se fez solidário com os pobres e os excluídos, assim como chamou a atenção ao cuidado que o Pai devota a todas as suas criaturas. Na Igreja nascente, a atenção aos necessitados e a prática da partilha é uma normativa registrada, sobretudo, no Atos dos Apóstolos.

No período patrístico, para os Santos Padres, existe uma relação intrínseca entre Evangelho e compromisso cristão com os pobres. A Palavra de Deus é caminho para os pobres e, portanto, referencial e imperativo do engajamento social em prol de uma sociedade fraterna. É da Palavra de Deus que deriva o sentido social da justiça, do amor e do respeito ao outro, em sua dignidade e valores, sublinhando a igualdade fundamental de todos. Daí decorre o dever do pastor em apascentar preferencialmente os pobres. É ele, em primeiro lugar, que, vivendo junto ao povo, deve partilhar suas dificuldades, suas alegrias e sofrimentos.

É notável a preocupação dos Padres pelos pobres na Igreja. À luz das exigências da fraternidade, a comunidade eclesial deve se colocar na "defesa dos pobres". São João Crisóstomo exorta os fiéis para que "se convençam de que a maior honra está em assemelhar-se aos pobres, compartilhando suas próprias tribulações" (Sermão sobre 1 Cor 16,1-4). O *Pastor de Hermas* louva os bispos que "fizeram de seu ministério um refúgio perpétuo para os pobres e as viúvas" (*Sim IX*, 27). São Policarpo convida os presbíteros a ser caritativos e misericordiosos para com todos: "visitem os enfermos, não descuidem as viúvas, ao órfão e ao pobre; sejam sempre solícitos em fazer o bem diante de Deus e diante dos homens" (*Aux Philipiens, VI*, 1). São Basílio é incisivo ao falar da obrigação dos ricos para com os pobres: "quem despoja um homem de sua roupa é um ladrão. Quem não veste o indigente, podendo fazê-lo, merecerá outro nome? O pão que guardas em tua despensa pertence ao faminto, assim como pertence ao despido o abrigo que escondes em teu armário. O sapato que mofa em tuas gavetas pertence ao descalço. Ao miserável pertence o dinheiro que escondes"

(*Homilia 6. Contra a Riqueza*, 7). São Jerônimo recrimina os ricos que, apesar da angústia presente em toda parte, esbanjam seu dinheiro, totalmente esquecidos dos pobres (*Epístola* 130, 5). Nesse sentido, Santo Ambrósio condena o excesso de álcool nas tabernas e banquetes, a comilança e a busca desenfreada de alimentos custosos. A fim de evitar o pagamento de impostos, não faltará quem prefira o concubinato ao casamento.

Em relação à terra, os Santos Padres, sensíveis às exigências da Mensagem revelada, proclamam que ela deve ser usufruída em comum, por todos. O egoísmo, fruto do pecado, quebra esta harmonia e cria tensões e violência. Escreve São João Crisóstomo: "Deus não fez a uns ricos e a outros pobres. Deu a mesma terra a todos. As palavras 'meu' e 'teu' são motivo e causa de discórdia. A comunhão de bens é uma forma de existência mais adequada à natureza, do que a propriedade privada" (*Epístola I ad Tm XII*, 4).

A razão e a finalidade, tanto da solidariedade ao modo de vida austera do pobre quanto a ação em favor dele, é a fraternidade, compreendida dentro da dinâmica do amor. Santo Inácio de Antioquia vislumbra a Igreja como uma fraternidade, na qual, em seu seio, os cristãos serão pessoas que se amam, que se sentem solidárias, comungando na unidade e na ajuda mútua.

O compromisso social à luz do Vaticano II

O Concílio, em sua "volta às fontes" bíblicas e patrísticas, não só reforçou os laços entre fé cristã e compromisso social, como abriu horizontes mais amplos para o engajamento dos cristãos na sociedade. A renovação conciliar redefine a relação Igreja-Mundo. Afirma o Vaticano II que, embora a Igreja não seja deste mundo, ela está no mundo e existe para a salvação do mundo, para ser nele sinal e instrumento do Reino de Deus, que é sua meta. Não é o mundo que está na Igreja, mas é a Igreja que está no mundo. O mundo é constitutivo da Igreja. O eclesiocentrismo pré-conciliar, além de eclipsar o Reino de Deus, não respeitava a autonomia do temporal, redundando numa Igreja absorvedora em lugar de servidora do mundo. Evangelizar consistia em sair para fora da Igreja, a fim de trazer pessoas para dentro dela, pois *extra ecclesiam nulla salus* (fora da Igreja não há salvação).

O Concílio Vaticano II autocompreendeu a Igreja e sua missão na indissociabilidade do trinômio Igreja-Reino-Mundo. Não há Igreja sem Reino e sua missão é ser sacramento deste Reino no mundo, descentrando-a de si mesma. Diz textualmente o Concílio: "... a Igreja, enriquecida com os dons de seu fundador, observando fielmente seus preceitos de caridade, de humildade e de abnegação, recebe a missão de anunciar o Reino de Cristo e de Deus, de estabelecê-lo em meio a todas as pessoas, e constitui na terra o gérmen e o princípio deste Reino" (*LG* 5,2).

Na perspectiva conciliar, o Reino de Deus não acontece somente na Igreja, enquanto comunidade dos redimidos, socialmente constituída. Como também não acontece somente na interioridade secreta da consciência, na meta-histórica subjetividade religiosa, mas se produz na concretude da realização do amor ao próximo, apesar da ambiguidade da história, em suas objetivações empiricamente perceptíveis. Consequentemente, a missão da Igreja, de fazer acontecer o Reino de Deus, se dá no mundo e para o mundo.

A interação Igreja-Reino-Mundo, entretanto, se dá numa relação de tensão, marcada por uma distância da Igreja ante ao mundo e, ao mesmo tempo, de inserção nele. Só quando a Igreja assume uma distância do mundo enquanto mundanidade e, ao mesmo tempo, adere a ele, torna-se sacramento de salvação do mundo. A distância do mundo é legítima, na medida em que o Reino de Deus não se identifica simplesmente com o desenvolvimento autônomo da realidade mundana, o que equivaleria a absolutizar o mundo. Entretanto, esta distância não pode ser completa, pois o Reino de Deus, nossa salvação, tem uma dimensão imanente, intra-histórica. Ele começa acontecendo no "já" da história.

Assim sendo, a distinção e tensão entre Igreja e mundo, mediados pelo Reino de Deus, impede toda tentativa de controle da sociedade por parte da Igreja. A Igreja não está fora e muito menos acima da sociedade civil, ao contrário, forma parte dela e está chamada a inserir-se em seu seio, numa atitude de serviço. Sua missão é ser fermento na massa, através da ação capilar dos cristãos, enquanto cidadãos, procurando colaborar com todas as pessoas de boa vontade, na realização histórica de uma sociedade perpassada pelos valores do Evangelho, que são autênticos valores humanos. É através da inserção ativa dos cristãos, como cidadãos, que se garante a presença construtiva da Igreja, em favor de uma sociedade justa e fraterna para todos. Trata-se, portanto, de uma presença plural, segundo as mediações históricas possíveis e compatíveis com o Evangelho, peregrinando com toda a humanidade, segundo os desígnios do plano amoroso de Deus.

O compromisso social na tradição libertadora latino-americana

O Vaticano II conclamou a Igreja inserir-se no mundo, no coração da história, no seio da sociedade (*LG* 50, *GS* 40). Entretanto, a Igreja na América Latina se perguntará: inserir-se no mundo, mas dentro de que mundo? Do mundo da minoria dos incluídos ou da maioria dos excluídos? Do mundo dos 20% da população que detém 80% dos recursos do planeta ou do mundo dos 80% de excluídos que vegetam com os 20% dos recursos sobrantes? Uma ação pastoral de encarnação, enquanto assumir para redimir, é sempre sinal de contradição diante de toda e qualquer situação de injustiça e exclusão. Assim, para a Igreja na América Latina, juntamente com o Vaticano II que optou pelo ser humano como caminho da Igreja, dada a situação de exclusão de grandes contingentes da população do continente, situação escandalosa aos olhos da fé por causa da predileção de Deus pelos excluídos, é preciso optar antes pelos pobres (*Med* 14,9). Eles estão numa situação de "não homem", profanados em sua dignidade de filhos criados à imagem e semelhança de Deus. A Igreja na América Latina, na medida em que foi sendo companheira de caminho dos últimos e esquecidos, foi tomando consciência de que a opção pelos pobres é o fio de ouro que tece as Escrituras do Gênesis ao Apocalipse.

Optar pelos pobres, entretanto, significa fazer do excluído não um objeto de caridade, mas sujeito de sua própria libertação, ensinando-lhe a ajudar-se a si mesmo (*Med* 14,10). O assistencialismo é um anestésico para a consciência dos incluídos; já fazer dos pobres sujeitos de uma sociedade inclusiva de todos é delatar o cinismo dos satisfeitos. É nesse sentido que a evangelização passa pela conscientização, pela denúncia profética, pela formação política, pela reivindicação de políticas públicas de inclusão, pela parceria com o poder público, organizações populares, enfim, pelo enfretamento das estruturas de exclusão e das poderosas forças que as sustentam.

Em consequência, na fé cristã, a opção pelo sujeito social – o pobre – implica igualmente a opção pelo seu lugar social. A evangelização, enquanto anúncio encarnado, precisa do suporte de uma Igreja sinal, compartilhando a vida dos pobres (*Med* 14,15) e sendo uma presença profética e transformadora (*Med* 7,13). Não basta uma Igreja dos pobres. Faz-se necessário o testemunho de uma Igreja pobre, pois a instituição também é mensagem, o modo como moramos é mensagem, as estruturas são mensagem, porquanto afetam o caráter de sacramento da Igreja, de sinal visível do Reino no mundo.

Para *Medellín*, a missão evangelizadora num continente marcado pela exclusão implica a denúncia de toda injustiça e da opressão, constituindo-se num sinal de contradição para os opressores (*Med* 14,10). A *diakonía* histórica da Igreja, enquanto serviço profético, diante de grandes interesses de grupos, pode redundar em perseguição e martírio, consequência da fidelidade à opção pelos pobres. O testemunho dos mártires das causas sociais é a mais viva expressão da vivência da fé cristã na fidelidade à opção pelos pobres, em uma sociedade injusta e excludente. *Aparecida* falará deles como nossos santos e santas, ainda não canonizados (*DAp* 98).

2. A *Laudato Si'* no itinerário do magistério social pontifício

Para uma melhor compreensão da Encíclica *Laudato Si'*, é importante situá-la no conjunto das encíclicas do magistério social pontifício, uma vez que há uma evolução interna no Pensamento Social da Igreja, também com relação à abordagem da questão da ecologia. O patrimônio histórico do magistério social tem mais de 100 anos e, no que diz respeito ao magistério pontifício, este patrimônio é composto de onze encíclicas sociais, que vão do Papa Leão XIII ao Papa Francisco, a saber:

- *Rerum Novarum* – Leão XIII (1891);
- *Quadragesimo Anno* – Pio XI (1931);
- *Mater et Magistra* – João XXIII (1961);

- *Pacem in Terris* – João XXIII (1963);
- *Populorum Progressio* – Paulo VI (1967);
- *Octogésima Adveniens* – Paulo VI (1971);
- *Laborem Exercens* – João Paulo II (1981);
- *Sollicitudo Rei Socialis* – João Paulo II (1987);
- *Centesimus Annus* – João Paulo II (1991);
- *Caritas in Veritate* – Bento XVI (2009);
- *Laudato Si'* – Francisco (2015).

As onze Encíclicas se inserem num itinerário histórico, no qual a Igreja foi acompanhando a evolução dos tempos e ampliando sua compreensão, tanto da realidade social como das implicações da mensagem revelada nos diferentes contextos. Como quase em tudo na Igreja, também com relação ao Pensamento Social, podemos falar de um "antes" e um "depois" do Concílio Vaticano II. É muito diferente a Igreja antes e depois da renovação conciliar. Com relação ao magistério social da Igreja, não poderia ser diferente.

Tomando o Vaticano II como referencial para a compreensão do itinerário do Pensamento Social da Igreja, temos duas Encíclicas publicadas no período pré-conciliar – a *Rerum Novarum* – Leão XIII (1891) e a *Quadragesimo Anno* – Pio XI (1931); duas Encíclicas publicadas no contexto do processo de realização do Concílio – a *Mater et Magistra* – (1961) e a *Pacem in Terris* – (1963), ambas do Papa João XXIII; as demais sete Encíclicas foram publicadas no período pós-conciliar, que vão da *Populorum Progressio* – Paulo VI (1967) à *Laudato Si'* – Francisco (2015).

O Pensamento Social da Igreja antes do Vaticano II

Como dissemos, antes do Vaticano II temos duas encíclicas sociais – a *Rerum Novarum* – Leão XIII (1891) e a *Quadragesimo*

Anno – Pio XI (1931). A primeira inaugura o magistério social pontifício. É verdade que a Igreja sempre esteve engajada na promoção da justiça e no serviço aos pobres, desde a Igreja primitiva, passando pela era patrística, a Idade Média e na era moderna com o movimento do Catolicismo Social. Mas é a *Rerum Novarum* que marca o início de pronunciamentos do magistério, que conformam um corpo sistemático de princípios de discernimento da realidade social, de critérios de juízo sobre a situação à luz da Mensagem revelada e de diretrizes de ação para o compromisso dos cristãos na sociedade. Quarenta anos depois, por ocasião da ascensão dos totalitarismos, que desembocariam no nazismo e no fascismo, Pio XII publicaria a *Quadragesimo Anno* (1931).

Os fatores que levaram o magistério pontifício a tomar posição tão relevante em matéria social foram basicamente dois. Por um lado, está a revolução industrial e o surgimento do proletariado. Nos países que haviam entrado na era da industrialização (Europa e, em parte, EE.UU.), a ideologia liberal capitalista e a economia de mercado tinham provocado a exploração e o empobrecimento de grandes massas da população, obrigadas a deixar o campo em busca de melhores condições de vida nos grandes centros urbanos. Com isso, o massivo êxodo rural pôs à disposição do capital industrial uma tal abundância de mão de obra que permitia sua utilização em condições cada vez mais infra-humanas. Os salários e as condições de trabalho eram degradantes, enquanto o ritmo de produção e de acumulação de capital dispararam. Há um extraordinário crescimento econômico, provocando uma verdadeira revolução econômica, mas nas mãos da burguesia, à custa da miséria e da marginalizarão da grande maioria da classe operária nascente.

Um segundo fator que levou o magistério pontifício a intervir na chamada "questão social" foi a perspectiva de uma ação mais social do que política por parte da Igreja. O novo modelo político nascido da Revolução Francesa é tão abominável para os católicos do século XIX que é impensável qualquer colaboração ou compromisso com o novo regime. Vê-se, então, como única solução, manter-se à margem dele e fazer o possível para anular o "equívoco" da Revolução. Para os católicos em geral, o novo modelo político é inaceitável, uma vez que se julga fundado num conceito errôneo de autoridade e numa tolerância desmedida ante o pluralismo ideológico. Em nome destes princípios, segundo a hierarquia central da Igreja na época, tinham sido usurpados os direitos tradicionais da Igreja e do papado (leia-se a confiscação dos Estados Pontifícios). A alternativa de ação está, então, no campo social. Julga-se que a ordem social herdada da sociedade antiga ainda não tinha sido totalmente derrubada e, apesar da deterioração progressiva da sociedade, ainda seria possível salvá-la. Os católicos creem que os princípios cristãos são capazes de devolver à sociedade a paz perdida e de dar uma nova estabilidade à ordem social, gravemente ameaçada pelos embates entre capitalistas e socialistas.

Ante isso, como os não católicos respondiam a esta situação? Todo o século XIX esteve agitado por movimentos sociais, que tentaram neutralizar os efeitos nefastos do capitalismo ou substituí-lo por outro sistema. Três tendências se destacam: *o Socialismo utópico*, com Saint Simon, Fourier e Proudhon, que propunha os ideais socialistas, alternativos ao capitalismo, mas sem os meios de levá-los à prática; *o Sindicalismo*, movimento de associação dos operários nascido na Inglaterra no início de século XIX, que, obtendo reconhecimento jurídico, passou a regular contratos de trabalho, direito de greve etc.; e *o Socialismo científico*, movimento revolucionário na linha de Marx e Engels que prega a união do proletariado para fazer a revolução pela instauração do fim da propriedade privada e pela implantação do sistema de propriedade coletiva dos meios de produção. Numa linha mais moderada, o socialismo científico inspirou a criação de partidos socialistas, que contribuiriam com a melhoria das condições de vida da classe trabalhadora.

Por sua vez, os católicos apresentavam duas alternativas de ação ante a situação. A primeira era o *assistencialismo*, linha conservadora e acrítica que pensava que a Igreja não deveria intervir nos problemas sociais. A miséria e as desigualdades deveriam ser minoradas com a caridade assistencial. Nesta perspectiva, as intervenções do magistério defendiam o direito absoluto de propriedade, condenavam as teses socialistas, exortavam os pobres à resignação e propunham a caridade assistencial como única solução. A segunda é o *catolicismo social*, um movimento que mobilizou católicos para o compromisso social e que redundou na publicação da primeira encíclica social – a *Rerum Novarum*. O movimento fortemente organizado, sobretudo na Bélgica, França, Alemanha, Itália e Suíça, advoga por uma reforma social de tipo estrutural, concretamente, a organização dos trabalhadores em sindicatos e a intervenção do Estado na economia, sem deixar de criar obras sociais, sejam elas criadoras de consciência, ou de fundos econômicos para socorrer os mais necessitados.

É neste contexto que intervém o Papa Leão XIII. Em um momento difícil nas relações com a nova sociedade emergente, todos os historiadores reconhecem o esforço de Leão XIII em aproximar a Igreja do mundo moderno e abrir perspectivas de colaboração. Para ele, nem tudo do regime oriundo da revolução de 1789 era ruim e, além do mais, havia estruturas sociais consolidadas já impossíveis de erradicar. O remédio era dialogar e contribuir com um mundo mais justo e solidário, ainda que não assumindo o projeto civilizacional moderno. Esta seria a proposta da *Rerum Novarum*, que, no dizer de Jacques

Maritain, era uma espécie de "nova cristandade". Quarenta anos mais tarde, com a ascensão dos totalitarismos, a mesma perspectiva, até mais nostálgica do mundo pré-moderno, seria reafirmada pelo Papa Pio XI, com a publicação de uma segunda encíclica social – a *Quadragesimo Anno*.

O Pensamento Social da Igreja no contexto da realização do Vaticano II

O Vaticano II faria uma reviravolta com relação à postura eclesial antimoderna, de neocristandade, com consequências diretas para o Pensamento Social da Igreja. Os movimentos que o prepararam fizeram chegar à aula conciliar a consciência clara de que o Espírito Santo conduzia a Igreja a trilhar um outro caminho, inspirando-a a uma nova postura perante a sociedade moderna, de reconciliação com ela e não de oposição. Isso parecia impossível, depois desta mesma Igreja haver combatido a modernidade durante cinco séculos. Para a Igreja, o humanismo, o renascimento e o surgimento das ciências metodologicamente a-religiosas haviam colocado o ser humano e a razão no centro, o que significava eliminar Deus e a própria Igreja. O religioso ficaria, assim, relegado à esfera privada e as instituições religiosas, excluídas da vida pública.

O Vaticano II teve um olhar diferente para a modernidade, um olhar positivo, que levou a uma reconciliação com ela. Para isso, jogou num papel fundamental a figura do Papa João XXIII. Ele convocou o Concílio convencido de que a Igreja necessitava de uma profunda renovação interior, de um *aggiornamento*, para que pudesse entrar num verdadeiro diálogo com o mundo contemporâneo. A primeira sessão do Concílio foi de buscas e vacilações. Mas, aos poucos, foi ficando claro, e com consenso da maioria dos padres conciliares, que a Igreja deveria ser o tema central do Concílio, desde sua dupla dimensão: *ad intra* (sua autocompreensão) e *ad extra* (sua missão). A partir daí, três elementos interdependentes se tornaram o fio condutor de todo o Concílio: a) O que pode a Igreja oferecer ao mundo de hoje, ante os problemas que ele apresenta? A Igreja precisa e quer ajudar a responder a todas as perguntas cruciais da humanidade, venham elas do campo social ou econômico, político ou cultural, religioso etc. b) Desde onde fala a Igreja quando se pronuncia sobre estes assuntos? Qual é o seu lugar no mundo, na sociedade? Como concebe a Igreja suas relações com o mundo de hoje e sobre que bases deve-se estabelecer o diálogo com ele? c) Como a Igreja se autocompreende? Será que sua nova forma de estar no mundo não a obriga a revisar sua própria autocompreensão?

O Pensamento Social da Igreja se situa na primeira questão, mas depende da resposta que se dê às duas seguintes. E, por trás das duas últimas perguntas, está a necessidade de uma mudança radical nas relações da Igreja com a sociedade moderna. Havia chegado a hora de passar de uma oposição radical a uma reconciliação com o mundo moderno. E o Papa João XXIII irá contribuir decisivamente para esta passagem, com a publicação de duas encíclicas sociais, que iriam desembocar sobretudo no novo modo de relação da Igreja com o mundo, plasmado na *Gaudium et Spes*. São elas, a *Mater et Magistra* (1961) e a *Pacem in Terris* (1963).

O Pensamento Social da Igreja depois do Concílio Vaticano II

A Encíclica *Populorum Progressio*, publicada no imediato pós-concílio, mais precisamente em 1967 pelo Papa Paulo VI, assim como as outras seis que lhe seguiriam, assumem a perspectiva da renovação do Vaticano II. A Igreja passa a se autocompreender como corpo de serviço de Deus no mundo.

Ela existe para evangelizar e sua missão precisa ser levada a cabo com clara consciência dos condicionamentos derivados do contexto secular, no qual ela se situa. Para isso, resgata-se a distinção entre Reino de Deus, Igreja e Mundo: a) O Reino de Deus é a utopia para a qual caminha a humanidade, onde todos seremos efetivamente irmãos, já a partir da contingência da história; b) A Igreja é o sacramento deste Reino, anúncio e visibilização do mesmo, cuja missão é torná-lo presente no mundo, para que a humanidade alcance sua meta; c) O mundo é uma realidade mais ampla do que a Igreja, nunca coextensiva a ela, mas lugar de sua realização e missão, criação que caminha para a perfeição.

A distinção entre Igreja e sociedade impede toda tentativa de controle dela por parte da Igreja. E mais, a Igreja não está acima da sociedade civil, mas forma parte da mesma. A sociedade tem suas estruturas de organização e a Igreja não tem direito de impor outras. Isso é papel dos cidadãos, entre os quais estão os cristãos, cujo lugar de atuação é o mundo, como fermento na massa. É através da inserção dos cristãos como cidadãos que se garante a presença construtiva da Igreja, em favor de uma sociedade justa e fraterna para todos. Trata-se, portanto, de uma presença plural, através das mediações possíveis e capazes de munir os cristãos das condições para um compromisso social transformador.

Tal como se pode perceber, o Concílio significou uma superação irreversível da postura anterior, ainda que seja mais exato falar de continuidade nos temas e de descontinuidade em seu enfoque. Cinco linhas resumem a mudança de orientação, que vão ter profundo impacto sobre o Pensamento Social da Igreja:

1º *Um horizonte mais amplo.* O Pensamento Social da Igreja surgiu historicamente como resposta aos problemas típicos da *sociedade industrial* nascente: o conflito capital-trabalho, portanto, circunscrito ao âmbito do *econômico*. A grande preocupação era sempre a necessidade de harmonizar os interesses das classes em conflito. E nisto também se resume o campo de atuação dos católicos. Com João XXIII há uma ampliação de horizonte, com o interesse pelo *político*, concretamente pelas *diferenças crescentes entre países industrializados e países pobres*. Com o Concílio Vaticano II, este horizonte se amplia ainda mais, através da aceitação do *pluralismo* inerente à sociedade moderna. O *subdesenvolvimento* dos povos se converterá num dos campos em que os fiéis deverão assumir seus compromissos mais decididos.

2º Do *predomínio do dedutivo à preocupação pelo indutivo*. O Pensamento Social da Igreja, no período pré-conciliar, tem um caráter marcadamente dedutivo: o ponto de partida para a definição da doutrina é o *direito natural*. Daí se deduzem os critérios morais a serem aplicados aos problemas que surgem. A análise da realidade é demasiado influenciada por estes princípios abstratos, através do método dedutivo. Com o Concílio, a nova sensibilidade ante o mundo contemporâneo leva consigo uma mudança *metodológica*: agora, a reflexão moral tem seu ponto de partida na realidade, analisada criticamente com o auxílio das ciências, levando-se em conta as grandes aspirações do homem moderno.

3º *Do direito natural à mensagem evangélica*. No pré-concílio, a hierarquia da Igreja se considera na competência de vigiar e de interpretar autorizadamente os princípios da lei natural. As referências evangélicas são escassas e secundárias; não constituem o fundamento da doutrina. Antes, elas confirmam a lei natural. O Vaticano II toma consciência da *alteridade* da Igreja perante o mundo. O mundo tem sua autonomia própria e a Igreja tem sua especificidade: a mensagem evangélica. Nesta nova relação, Igreja e mundo estão em mútua e contínua relação, na qual a Igreja dá e recebe do mundo; o mundo enriquece a Igreja e é enriquecido por ela. De um lado, ganha o mundo pelo fato de a Igreja, no campo social, não impor nem oferecer um modelo de sociedade a ser assumido por todos; de outro lado, ganha a Igreja, na medida em que o Reino de Deus pode se fazer mais presente, não somente pela ação da Igreja, mas de todos as pessoas de boa vontade.

4º *A Doutrina Social da Igreja como critério de discernimento e de ação*. Até o Concílio Vaticano II, o magistério social da Igreja tinha tido uma preocupação predominantemente doutrinal. Com o Vaticano II, não é que haja um desprezo para com a doutrina, mas esta deve situar-se num contexto mais amplo. Para um engajamento dos cristãos no mundo, crê-se necessário começar por uma análise da realidade através das ciências humanas e sociais. Em seguida, a realidade convenientemente analisada deve ser iluminada pelas luzes emitidas pela mensagem cristã. Finalmente, é preciso chegar a discernir as opções concretas de ação, tanto coletivas como pessoais. Esta tarefa não cabe somente ao magistério, mas a todos os cristãos, que também participam, com seu discernimento, da elaboração do Pensamento Social da Igreja.

5º *Diversificação do sujeito que atua e descentralização do pensamento social*. Com o Concílio, quem atua é toda a comunidade eclesial, cada um segundo sua função e competência. Além disso, nem sempre atua a Igreja em sua esfera mais alta. Os problemas concretos de cada lugar devem ser analisados e discernidos pelas comunidades locais, animadas pelos seus bispos. Com isso, as Conferências Episcopais Nacionais passam a ter uma relevância inédita até então.

A ecologia no Pensamento Social da Igreja
Da *Rerum Novarum* à *Laudato Si'*

Basicamente, o conceito de ecologia, que até há pouco se limitava ao "meio ambiente", hoje, nos remete à relação do ser humano com o planeta como um todo, incluída a vida humana e seus ecossistemas, dado que "não estamos na terra, somos terra". O cristianismo, partindo da noção de Criação, vai mais longe, concebendo a ecologia numa tripla relação: ser humano-natureza-Deus. Pertencem à Criação, criada *ex nihilo*, as criaturas todas, as animadas e inanimadas, todas elas portadoras de uma vocação ou de um fim, segundo os desígnios do Criador. Entre elas está o ser humano, não como uma criatura qualquer, mas como criatura cocriadora, criado à imagem e semelhança do Criador, que confiou a ele a "terra", para ser "cuidada e cultivada", no uso comum com toda a humanidade, de todos os tempos, aperfeiçoando-a, até que Cristo seja tudo em todos.

O magistério social pontifício, da *Rerum Novarum* (1891) à *Laudato Si'* (2015), devotou preocupação e interesse para com a ecologia. Sua concepção, entretanto, foi se ampliando gradativamente no desenrolar do último século, de par com o avanço do conhecimento sobre a biosfera e a relação do ser humano com ela e Deus. De um conceito de ecologia que poderíamos denominar "criacional" – o ser humano, senhor da Criação –, presente no magistério anterior ao Vaticano II, a *Gaudium et Spes*, precedida pela *Pacem in Terris* de João XXIII, bem como o magistério de Paulo VI tematizam a questão nos moldes de uma "ecologia ambiental". O novo conceito mostra os laços intrínsecos existentes entre natureza, ser humano e a humanidade como um todo, com a consequente exigência de se pensar nas condições de vida no presente e a sobrevivência das gerações futuras. Na sequência, o magistério dos papas João Paulo II e Bento XVI amplia ainda mais a compreensão, tematizando o conceito de "ecologia humana", para além de uma concepção de ecossistema como "meio ambiente". E, finalmente, o Papa Francisco introduz no magistério social pontifício a noção de "ecologia integral", somando à compreensão anterior também os conceitos de "ecologia econômica", "ecologia social", "ecologia cultural" e "ecologia da vida cotidiana".

1. Ecologia "criacional"

A consciência da problemática ecológica ou a percepção de que a natureza está enferma pelo resultado de um determinado modelo de desenvolvimento, que depreda o planeta e coisifica o ser humano, é relativamente recente. O conhecido "Clube de Roma", um grupo de pessoas ilustres que se reúne para debater um vasto conjunto de assuntos relacionados à política, à economia internacional e, sobretudo, ao meio ambiente e ao desenvolvimento sustentável, foi fundado em 1966 e tornou-se conhecido a partir de 1972, ano da publicação do relatório intitulado – *Os Limites do Crescimento*.

Nos meios eclesiais, particularmente no seio do magistério social pontifício, desde a *Rerum Novarum* (1891) até a *Mater et Magistra* (1961), a relação do ser humano com a natureza se dá dentro do marco de uma "teologia da Criação". Em grandes linhas, afirma-se que o ser humano foi criado à imagem de Deus, constituído "senhor" de todas as coisas terrenas, para que as dominasse e usasse, glorificando a Deus" (cf. *Gn* 1,26; *Sb* 2,23; *Eclo* 17,3-10), e que Deus fez boas todas as coisas (*Gn* 1,31). A atividade humana, porém, foi corrompida pelo pecado, mas, "remido por Cristo e tornado criatura nova no Espírito Santo", o ser humano pode e deve amar as próprias coisas criadas por Deus, pois ele as recebe de Deus e as olha e as respeita como que saindo de suas mãos. Agradece ao Benfeitor os objetos criados e os usa para o seu bem, na nobreza e liberdade de espírito. É assim que o ser humano é introduzido na verdadeira posse do mundo, como se nada tivesse, mas possuísse tudo – "tudo é vosso, mas vós sois de Cristo, e Cristo é de Deus" (*1Cor* 3,22-23).

Nesta perspectiva, o Papa Leão XIII, na *Rerum Novarum* (1891), afirma que o ser humano "deve ter sob seu domínio não só os produtos da terra, mas ainda a própria terra, que, pela sua fecundidade, ele vê estar destinada a ser sua fornecedora no futuro". E continua: "a terra fornece ao homem com abundância as coisas necessárias para a conservação da sua vida e ainda para o seu aperfeiçoamento, mas não poderia fornecê-las sem a cultura e sem os cuidados do homem" (*RN* 6). Por sua vez, o Papa Pio XI, na *Quadragesimo Anno* (1931), frisa que este senhorio do mundo, dado que Deus deu tudo para todos, precisa pautar-se segundo o princípio do "destino universal dos bens", tão caro ao cristianismo, desde os Santos Padres: há uma dupla espécie de domínio, individual e social – "a natureza ou o próprio Criador deram ao homem o direito de domínio particular, não só para que ele possa prover às necessidades próprias e de sua família, mas que sirvam verdadeiramente ao seu fim os bens destinados pelo Criador a toda a família humana" (*QA* 45).

O Papa João XXIII, na *Mater et Magistra* (1961), baseado no princípio do "destino universal dos bens", concebe a função social de sua posse não só em relação às pessoas enquanto indivíduos, mas também entre povos e nações. Sensível às mobilizações sociais dos anos 1960, fruto da "irrupção dos pobres" e do "terceiro mundo", a Encíclica denuncia a exploração dos países ricos do hemisfério Norte em relação aos países pobres do Sul, até recentemente explorados por eles como colônias. Diz o Papa: "o direito de propriedade privada sobre os bens possui intrinsecamente uma função social. No plano da Criação, os bens da terra são primordialmente destinados à subsistência digna de todos os seres humanos" (*MM* 116). Consequentemente, por justiça, impõe-se "repartir equitativamente a riqueza produzida entre as nações" (*MM* 165). Hoje, "a tentação maior para as comunidades políticas economicamente avançadas, é a de se aproveitarem da cooperação técnica e financeira que prestam, para influírem na situação política das comunidades em fase de desenvolvimento econômico, a fim de levarem a cabo planos de predomínio" (*MM* 168). E continua: "onde quer que isso se verifique, deve-se declarar explicitamente que estamos diante de uma nova forma de colonialismo, a qual, por mais habilmente que se disfarce, não deixará de ser menos dominadora que a antiga, que muitos povos deixaram recentemente" (*MM* 169).

2. Ecologia ambiental

Um passo importante na consciência ecológica da Igreja vai se dar com a Encíclica *Pacem in Terris* (1963) e com a Constituição do Vaticano II *Gaudium et Spes* (1965). A nova postura marcaria também o magistério social do Papa Paulo VI na *Populorum Progressio* (1967) e na *Octogesima Adveniens* (1971). Toma-se consciência das relações intrínsecas entre ser humano e "ambiente", que não é apenas "meio", mas espaço onde se dá e do qual depende a vida humana, dado que há uma ordem que, se rompida, põe em risco a vida humana e seus ecossistemas. Nesta perspectiva, afirma a *Pacem in Terris* (1963): "a paz na terra, anseio profundo de todos os homens de todos os tempos, não se pode estabelecer nem consolidar senão no pleno respeito da ordem instituída por Deus" (*PT* 1). E continua: "o progresso da ciência e as intervenções da técnica evidenciam que reina uma ordem maravilhosa nos seres vivos e nas forças da natureza. Testemunham outrossim a dignidade do ser humano capaz de desvendar essa ordem e de produzir os meios adequados para dominar estas forças, canalizando-as em seu proveito" (*PT* 2).

Por sua vez, a *Gaudium et Spes* (1965) chama a atenção para que, na relação ser humano-natureza, não se pode olhar só para o presente, pois está em jogo a sobrevivência da humanidade no futuro. E que, para responder a esta exigência, é preciso levar em conta o padrão de consumo, dado que a natureza tem limites e muitos de seus recursos não são renováveis. Afirma o Concílio: "as decisões sobre a vida econômica devem atender às necessidades individuais e coletivas da geração presente"; por outro lado, é preciso "prever o futuro, estabelecendo justo equilíbrio entre as necessidades atuais de consumo, individual e coletivo, e as exigências de inversão de bens para as gerações futuras" (*GS* 70).

Na mesma perspectiva, Paulo VI, na *Populorum Progressio* (1967), falando do progresso dos povos, frisa: "herdeiros das gerações passadas e beneficiários do trabalho dos nossos contemporâneos, temos obrigações para com todos, e não podemos desinteressar-nos dos que virão depois de nós". E adverte: "a solidariedade universal é para nós não só um fato e um benefício, mas também um dever" (*PP* 17). Na *Octogésima adveniens* (1971), Paulo VI volta a advertir para as consequências dramáticas provocadas pela relação irresponsável do ser humano com a natureza, que põe em risco sua própria sobrevivência: "de um momento para o outro, o homem toma consciência de que, por motivo de uma exploração inconsiderada da natureza, começa a correr o risco de a destruir e de vir a ser, também ele, vítima dessa degradação. Não só o ambiente material já se torna uma ameaça permanente – poluições e resíduos, novas doenças, poder destruidor absoluto –, é o próprio quadro humano que o homem não consegue dominar, criando assim, para o dia de amanhã, um ambiente global que poderá tornar-se insuportável. Problema social de envergadura, este, que diz respeito à inteira família humana... O cristão deve voltar-se para estas percepções novas, para assumir a responsabilidade, juntamente com os outros homens, por um destino, na realidade, já comum" (*OA* 21).

3. Ecologia humana

A passagem de uma "ecologia criacional" a uma "ecologia ambiental" é um grande passo. Mas passo maior vai dar o magistério social dos papas João Paulo II e Bento XVI, ao ampliar a compreensão da questão na perspectiva de uma "ecologia humana".

Concretamente, na *Laborem Exercens* (1981), o Papa João Paulo II frisa que "o ser humano, criado à imagem de Deus, recebeu o mandato de seu Criador de submeter, de dominar a terra. No desempenho de tal mandato, o homem, todo e qualquer ser humano, reflete a própria ação do Criador do universo" (*LE* 4). Na *Sollicitudo Rei Socialis* (1987), adverte para sua responsabilidade neste "domínio da terra": "o domínio conferido ao homem pelo Criador não é um poder absoluto, nem se pode falar de liberdade de 'usar e abusar', ou de dispor das coisas como bem lhe agrada. A limitação imposta pelo mesmo Criador, desde o princípio, é expressa simbolicamente com a proibição de 'comer o fruto da árvore' (cf. Gn 2,16-17)" (*SRS* 29).

Para o Papa, "uma justa concepção do desenvolvimento não pode prescindir do respeito pelos seres que formam a natureza visível. [...] Não se pode fazer, impunemente, uso das diversas categorias de seres, vivos ou inanimados – animais, plantas, elementos naturais – ao bel-prazer, segundo as próprias necessidades econômicas" (*SRS* 34). O desenvolvimento deve ser condicionado às possibilidades de renovação dos recursos naturais, baseado "na constatação mais urgente das *limitações dos recursos naturais*, alguns dos quais *não renováveis*. Usá-los como se fossem inesgotáveis, com domínio absoluto, põe seriamente em perigo sua disponibilidade não só para a geração presente, mas, sobretudo, para as futuras gerações" (*SRS* 34).

Mas é na *Centesimus Annus* (1991) que o Papa João Paulo II irá mencionar explicitamente o conceito de "ecologia humana", já implícita nas Encíclicas anteriores. Depois de alertar para o fenômeno do consumismo, prejudicial à saúde física e espiritual, o Papa fala da degradação do ambiente natural, incluído o "ambiente humano": "além da destruição irracional do ambiente natural, é de recordar aqui outra ainda mais grave, que é a do ambiente humano, a que se está ainda longe de se prestar a necessária atenção". Para ele, é necessário "preservar o *habitat* natural das diversas espécies de animais ameaçados de extinção, porque nos damos conta da particular contribuição que cada uma delas dá ao equilíbrio geral da terra". Entretanto, "empenhamo-nos demasiado pouco em salvaguardar as condições morais de uma autêntica 'ecologia humana'". E conclui: "não só a terra foi dada por Deus ao ser humano, que a deve usar respeitando a intenção originária de bem, segundo a que lhe foi entregue; mas o ser humano é doado a si mesmo por Deus, devendo por isso respeitar a estrutura natural e moral, de que foi dotado" (*CA* 38).

Bento XVI, na *Caritas in Veritate* (2009), explicita o fundamento teológico de uma "ecologia humana", relacionando o ser humano e a natureza com o Criador: "não podemos ver a natureza simplesmente como fruto de uma evolução determinista. Para o crente a evolução é um resultado maravilhoso da intervenção criativa de Deus. [...] Está à nossa disposição... como um dom do Criador, que lhe designou os ordenamentos intrínsecos, para que o homem deles tire as orientações do dever de 'guardá-la e cultivá-la' (Gn 2,13)". [...] Por isso, é preciso "reforçar a aliança entre o ser humano e o ambiente que deve ser espelho do amor criador de Deus, do qual viemos e para o qual caminhamos" (*CV* 50). Dado que "o modo como o homem trata o ambiente influi sobre o modo como trata a si mesmo, e vice-versa", é preciso fazer uma revisão séria do estilo de vida moderno, inclinado ao hedonismo e consumismo e indiferente aos danos que disso provém.

Para o Papa, "um novo estilo de vida pede que as escolhas de consumo, poupança e investimentos se orientem pela busca do que é verdadeiro, belo e bom, em comunhão com os outros seres humanos". [...] "O livro da natureza é uno e indivisível". [...] "A Igreja tem uma responsabilidade pela Criação". Deve defender não só a terra, a água e o ar como dons da Criação que a todos pertencem, "[...] mas deve proteger, sobretudo, o homem contra a destruição de si mesmo", porque "quando a 'ecologia humana' é respeitada dentro da sociedade, também a ecologia ambiental é favorecida" (*CV* 51).

4. Ecologia integral

Aos conceitos de ecologia "criacional", ambiental e humana, o Papa Francisco, na *Laudato Si'* (2015), acrescenta a noção de "ecologia integral", somando às concepções anteriores também a necessidade de uma ecologia que recubra todos os campos: o ambiental, o econômico, o social, o cultural, o espiritual e também a vida cotidiana (*LS* 147-148). E de forma profética, inclui prioritariamente os pobres, que testemunham também sua forma de ecologia humana e social, vivendo laços de pertença e de solidariedade de uns para com os outros (*LS* 149). Para Francisco, faz-se necessária uma noção de ecologia "que integre o lugar específico que o ser humano ocupa neste mundo e as suas relações com a realidade que o circunda" (*LS* 15). É importante porque "isto nos impede de considerar a natureza como algo separado de nós ou como uma mera moldura da nossa vida" (*LS* 139).

Para Francisco, uma ecologia integral, além de "criacional", ambiental e humana, precisa ser também uma:

- *"Ecologia econômica"*: "capaz de induzir a considerar a realidade de forma mais ampla", pois "o crescimento econômico tende a gerar automatismos e homogeneizar, a fim de simplificar os processos e reduzir custos". [...] "A proteção do meio ambiente deverá constituir parte integrante do processo de desenvolvimento e não poderá ser considerada isoladamente" (*LS* 141).

- *"Ecologia social"*: a perspectiva integral põe em jogo também uma ecologia das instituições: "se tudo está relacionado, também o estado de saúde das instituições de uma sociedade tem consequências no ambiente e na qualidade de vida humana". E citando a *Caritas in Veritate* afirma: "toda a lesão da solidariedade e da amizade cívica provoca danos ambientais" (*CV* 51). Para Francisco, há uma ligação entre questões ambientais e questões sociais e humanas que nunca pode ser rompida: "a análise dos problemas ambientais é inseparável da análise dos contextos humanos, familiares, laborais, urbanos, e da relação de cada pessoa consigo mesma" (*LS* 142), porquanto "não há duas crises separadas, uma ambiental e outra social, mas uma única e complexa crise socioambiental" (*LS* 139). E conclui: "neste sentido, a ecologia social é necessariamente institucional e progressivamente alcança as diferentes dimensões, que vão desde o grupo social primário, a família, até a vida internacional, passando pela comunidade local e a nação". [...] "O que acontece em uma região influi, direta ou indiretamente, nas outras regiões (*LS* 142).

- *"Ecologia cultural":* o Papa Francisco relaciona com a ecologia também a cultura – "a visão consumista do ser humano, incentivada pelos mecanismos da economia globalizada atual, tende a homogeneizar as culturas e a debilitar a imensa variedade cultural, que é um tesouro da humanidade" (*LS* 144). Por isso, além de uma ecologia ambiental, humana, econômica e social, para ele, é preciso também uma ecologia cultural, dado que "encontra-se igualmente ameaçado, um patrimônio histórico, artístico e cultural", sobretudo as "culturas locais", que precisam ser salvaguardadas "em sua identidade original" (*LS* 143). Frisa ele que "o desaparecimento de uma cultura pode ser tanto ou mais grave do que o desaparecimento de uma espécie animal ou vegetal" (*LS* 145).

- *"Ecologia da vida cotidiana":* a ecologia integral envolve a vida diária, para a qual a *Laudato Si'* reserva uma atenção especial ao ambiente urbano. Chama a atenção que, "para falar em autêntico progresso será preciso verificar que se produza uma melhoria global na qualidade da vida humana", ou seja, "o espaço onde as pessoas transcorrem a sua existência", pois "os ambientes onde vivemos influem sobre nossa maneira de ver a vida, sentir e agir" (*LS* 147).

Para Francisco, para uma ecologia integral também "é preciso cuidar dos espaços comuns" (*LS* 151), "da habitação" (*LS* 152), "da integração dos bairros na cidade" (*LS* 152) e "do transporte público" (*LS* 153).

Como se pode perceber, o conceito de ecologia integral é muito rico, pois consegue unir o "grito da terra" e o "grito dos pobres". Frisa o Papa que, no contexto de hoje, no qual "há tantas desigualdades e são cada vez mais numerosas as pessoas descartadas, privadas dos direitos humanos fundamentais", comprometer-se com o bem comum significa fazer escolhas solidárias com base em "uma opção preferencial pelos mais pobres" (*LS* 158). Esta é a melhor maneira de deixar um mundo sustentável às gerações futuras (*LS* 159), não com proclamas, mas através de um compromisso de cuidado dos pobres de hoje, como já havia sublinhado Bento XVI: "para além da leal solidariedade entre as gerações, há que se reafirmar a urgente necessidade moral de uma renovada solidariedade entre os indivíduos da mesma geração" (*LS* 162).

Há quem diga que o cristianismo, apesar da riqueza da revelação bíblica e de grandes santos amantes da natureza como Francisco de Assis, historicamente, é uma religião de escassa sensibilidade ecológica. Com razão, pois, em meio à grave crise ecológica da qual a humanidade tomou consciência a partir da metade do século XX, não foram os cristãos que levantaram a bandeira da ecologia, apesar de ser uma causa evangélica. Entretanto, desde a primeira hora e, especialmente, a partir da nova sensibilidade que se instalou na Igreja com o pontificado de João XXIII, o magistério social pontifício fez da ecologia um espaço de atuação obrigatório para os cristãos. A partir de então, em diálogo com as ciências da vida e da natureza, o magistério social da Igreja tem desenvolvido análises e diagnósticos, bem como oferecido diretrizes de ação, capazes de fazer dos cristãos atores aptos a contribuir com uma ecologia integral, imperativo para salvaguardar a "casa comum" e promover uma vida digna para seus moradores, especialmente os mais pobres.

O Vaticano II frisou que o Povo de Deus peregrina no seio de uma humanidade toda ela peregrinante; e que o destino do Povo de Deus não é diferente do destino da humanidade. Em convergência com o Plano da Criação, a crise ecológica cada vez mais nos faz tomar consciência de que o futuro de cada um depende de pensarmos e agirmos juntos, na garantia do futuro de todos. Nesse sentido, a Carta Encíclica *Laudato Si'* se apresenta como um persuasivo convite a toda a humanidade a tomar consciência de que a relação do ser humano com a natureza é um elemento constitutivo de sua identidade e a vocação de "guardar e cultivar" dom e tarefa, fonte de vida para todos.

A ecologia como nova chave de leitura do magistério social da Igreja

O Pensamento Social da Igreja é o conjunto sistemático de princípios de reflexão, critérios de juízo e diretrizes de ação que o magistério da Igreja Católica estabelece, fundando-se no Evangelho e nas ciências, a partir da análise dos problemas sociais de cada época, a fim de ajudar as pessoas, comunidades e governantes a construir uma sociedade mais conforme à manifestação do Reino de Deus e, portanto, mais autenticamente humana. O Papa João XXIII, na Encíclica *Mater et Magistra*, entendia o Pensamento Social da Igreja como "uma doutrina da sociedade e da convivência para ordenar as mútuas relações humanas de acordo com os critérios gerais do Evangelho, que respondem tanto às exigências da natureza e às distintas condições da convivência humana, como o caráter específico da época atual" (*MM* 220).

Na mesma perspectiva, o Papa João Paulo II, na Encíclica *Sollicitudo Rei Socialis*, define o Pensamento Social da Igreja como "uma doutrina cujo objetivo principal é interpretar as complexas realidades da vida do homem, examinando sua conformidade ou diferença com que o Evangelho ensina a respeito do homem, para orientar, em consequência, a doutrina cristã" (*SRS* 41). E completa: "A Doutrina Social da Igreja é a cuidadosa formulação do resultado de uma atenta reflexão sobre as complexas realidades da vida do homem na sociedade e no contexto internacional, à luz da fé e da tradição eclesial" (*SRS* 41).

As onze encíclicas publicadas pelo magistério social pontifício, no percurso de mais de cem anos, respondem, portanto, a diferentes desafios, segundo o contexto de cada época. Os documentos foram escritos em circunstâncias concretas, para responder a determinados problemas. Levando em conta o conjunto das onze encíclicas sociais já publicadas e as situações concretas a que cada uma delas quis responder, podemos identificar algumas "chaves de leitura", que permitem medir seu alcance e seus limites, bem como o caráter dinâmico e evolutivo do Pensamento Social da Igreja.

Da leitura do conjunto do patrimônio histórico do magistério social pontifício, vêm à tona pelo menos cinco chaves de leitura. Elas se inserem num percurso cronológico, sendo que a ecologia, ainda que presente em encíclicas anteriores, mas com caráter mais periférico, com a *Laudato Si'*, se constitui em uma nova chave de leitura. Passemos em revista, ainda que suscintamente, cada uma delas.

1ª Chave de leitura: a Igreja diante do liberalismo, do socialismo e dos totalitarismos

Compõem esta primeira chave de leitura as duas encíclicas sociais do período pré-conciliar – a *Rerum Novarum* do Papa Leão XIII (1891) e a *Quadragesimo Anno* do Papa Pio XI (1931). Nesse período, a Igreja irá se defrontar com o capitalismo selvagem, que dará origem ao socialismo. A crise do sistema em 1929 contribuirá para a ascensão do nazismo e do fascismo, que desembocarão na segunda guerra mundial.

a) A Rerum Novarum: a Igreja diante do liberalismo e do socialismo

A confrontação da Igreja com o liberalismo e o socialismo é o que caracteriza todo o período que vai das origens do Pensamento Social da Igreja até o final da primeira guerra mundial (1914-1917). É notório o tom polêmico dos documentos desta época, reflexo do mal-estar, difícil de ocultar, que vive a Igreja diante do avanço da sociedade moderna. O conteúdo da *Rerum Novarum* se poderia sintetizá-lo em poucas palavras: diante da miséria crescente das classes trabalhadoras, que deve ser duramente denunciada, os socialistas propõem uma mudança radical da sociedade, que consiste basicamente na abolição da propriedade privada. Diante desta alternativa, a verdadeira solução que a Igreja propõe se baseia na manutenção da ordem social vigente, mediante uma estreita colaboração entre Igreja/Estado e as classes em conflito.

O ponto central da oposição ao socialismo é a doutrina sobre a propriedade que, segundo a encíclica, deriva da natureza própria do ser humano. Um segundo aspecto é o recurso à violência para levar a cabo as transformações que a sociedade está exigindo (*RN* 2). Um terceiro é a concepção de igualdade radical entre os seres humanos (*RN* 14), que atentaria contra o princípio de autoridade e ameaça levar a vida social à anarquia.

A oposição ao liberalismo se dá no direito ilimitado do proprietário dispor de seus bens, pois deve ter presente os necessitados. E conclama o Estado a agir no sentido de que todos tenham acesso à propriedade. O Estado não pode limitar-se a garantir a liberdade dos indivíduos; precisa intervir defendendo a propriedade, por um lado (*RN* 28), e, por outro, defendendo os mais necessitados (*RN* 27). Uma forma de defesa é velar para que os salários não sejam estabelecidos somente de acordo com o livre mercado (*RN* 32). O salário, para que seja justo, deve assegurar a satisfação das necessidades básicas do trabalhador e permitir-lhe uma margem de poupança para ir construindo, com isso, um pequeno patrimônio (*RN* 33).

b) A Quadragésimo Anno: a Igreja diante dos totalitarismos

Se o século XIX esteve marcado por profundas transformações, a primeira metade do século XX foi igualmente sacudida por mudanças traumáticas, tanto no terreno socioeconômico como no político. No Ocidente, o sistema liberal capitalista, que havia conhecido uma expansão inusitada no século anterior, entra em profunda crise: a concentração bipolar das forças, por um lado classe trabalhadora que se organiza para defender seus interesses e, por outro, os capitalistas que se endurecem diante dos movimentos operários, levou a um profundo desequilíbrio das regras do modelo de mercado. A crise anunciada por Marx se torna cada vez mais aguda. O fato é que a economia capitalista quebrou na conhecida crise de outubro de 1929, agravada pelo descalabro econômico provocado pela primeira guerra mundial. Esta situação, que a longo prazo provocaria uma mudança radical na orientação do modelo capitalista com a incorporação ativa do Estado na vida econômica, a curto prazo, proporcionou o terreno propício, ajudado pelo mal-estar social diante da crise, para o surgimento de regimes totalitários. Primeiro apareceu Mussolini e, depois, Hitler, que se apresentaram diante das massas e foram acolhidos como messias que iriam salvar o continente de um fracasso iminente. Ainda que de corte distinto, pouco tempo antes, se havia instaurado na Rússia outro regime totalitário. Marx havia previsto que o advento da ditadura do proletário seria o fruto maduro do próprio processo do capitalismo. Para Marx, este sistema levava em suas entranhas o germe da autodestruição.

Assim, a encíclica *Quadragésimo Anno* se encontra entre duas grandes ameaças totalitárias: o fascismo e o nazismo na Europa-Central e no Leste europeu o comunismo russo, ambas reações ante a crise do capitalismo. Nos 40 anos da *Rerum*

Novarum, a *Quadragésimo Anno* é uma chamada a restaurar a ordem social. Pio XI faz uma amarga crítica do sistema econômico dominante – o capitalista monopolista, que ele domina "ditadura econômica" (*QA* 105). E rejeita com o mesmo vigor o comunismo (*QA* 112), assim como o "socialismo moderado" por sua antropologia errônea, que subordina a pessoa humana às exigências da produção econômica e ignora a dimensão transcendente do ser humano (*QA* 113-115). É preciso um modelo de sociedade que não esteja construído sobre a conflitividade das classes sociais, problema originado pelo capitalismo, mas que o comunismo não chegou a resolver. Capital e trabalho são igualmente necessários na sociedade industrial (*QA* 53-55); por isso, ambos estão chamados a conviver harmoniosamente e não condenados a um enfrentamento permanente.

2ª Chave de leitura: o subdesenvolvimento do hemisfério Sul como subproduto do desenvolvimento do hemisfério Norte

Compõem esta segunda chave de leitura três encíclicas sociais, duas delas publicadas durante a realização do Concílio Vaticano II pelo Papa João XXIII, a saber – *Mater et Magistra* (1961) e *Pacem in Terris* (1963), e a terceira, no imediato pós--concílio pelo Papa Paulo VI, *Populorum Progressio* (1967).

O Pensamento Social da Igreja nasceu ocupando-se do *conflito industrial*, do enfrentamento entre patrões e operários, fruto do grande desenvolvimento econômico propiciado pela industrialização. Este conflito levará, mais tarde, ao enfrentamento dos dois grandes sistemas econômicos: o capitalismo, causa do desenvolvimento industrial e da penosa situação do proletariado, e o *socialismo*, com uma proposta radicalmente aposta à proposta do capitalismo. Os documentos do magistério social da primeira época polemizam com estes dois sistemas. Nos anos 1960, o panorama muda. Superada a reconstrução das duas grandes guerras, o centro de atenção se desloca da polarização *Leste-Oeste* para o enfrentamento *Norte-Sul*. Toma-se consciência de que a "independência" das colônias não tinha sido uma verdadeira independência, pois persiste uma dependência radical em forma de exploração do Norte sobre o Sul, o que explica por que estes povos se afundam cada vez mais na pobreza.

a) Mater et Magistra: o escândalo de países ricos e de países pobres

Na celebração dos 70 anos da *Rerum Novarum*, o Papa João XXIII chama a atenção para a emergência de "novos sinais dos tempos". Um deles é a *socialização* (*MM* 59-67), entendida como a crescente complexidade das estruturas sociais, um fenômeno característico da sociedade moderna. Trata-se de um fenômeno ambíguo, pois tanto pode anular a pessoa como pode oferecer-lhe inumeráveis oportunidades de enriquecimento. Por isso, a participação é uma exigência efetiva de todo ser humano, qualquer que seja o lugar que ele ocupa nas estruturas econômicas (*MM* 82-103).

Um segundo fenômeno chama a atenção do Papa. É a crescente percepção das desigualdades em todos os níveis. Ante a polarização capital-trabalho, típica da sociedade industrial, a Encíclica denuncia a discriminação do setor agrícola ante o industrial (*MM* 150-156) e, sobretudo, as desigualdades entre povos ricos e pobres (*MM* 157-184), que vai adquirir grande relevância no Pensamento Social da Igreja no período pós-conciliar. A irrupção dos pobres e do "terceiro mundo" faz a Igreja tomar consciência de que o verdadeiro conflito no campo social não é entre Leste-Oeste (capitalismo/socialismo), mas entre Norte-Sul (países ricos e países pobres). Com muita propriedade, João XXIII traz à tona dois grandes desafios para a Igreja – a modernidade e a pobreza, que serão centrais do Vaticano II.

b) *Pacem in Terris: a paz mundial e o direito dos países pobres*

A segunda encíclica social de João XXIII foi publicada logo após a realização da primeira sessão do Concílio e pouco antes de sua morte. A coluna vertebral de toda PT é a afirmação da *dignidade humana* e o respeito aos *direitos humanos*: eles constituem o fundamento de toda a ordem social, tanto em nível nacional como mundial. Para organizar a convivência entre os povos, a Igreja, que até então guardava desconfiança com relação à democracia, opta pelo *regime democrático* (*PT* 67-74). O que mais preocupa o Papa é a comunidade das nações e a paz internacional. Chama a atenção que a independência das antigas colônias não foi verdadeira independência, pois continuam presentes novas formas de neocolonialismo. Conclama para uma interdependência entre as nações (*PT* 130-131). Adverte para a inutilidade da guerra para dirimir os conflitos entre as nações (*PT* 126-129), a insuficiência dos Estados nacionais e postula uma *ordem jurídica mundial* e uma autoridade que vele pelo seu cumprimento (*PT* 130-141). Suas reservas ante a corrida armamentista e as modernas estratégias defensivas-dissuasivas (*PT* 109-119) causaram profundo impacto, dentro e fora da Igreja.

A *Pacem in Terris* queria estabelecer um diálogo da Igreja com "todos os homens de boa vontade", certa de que, além de convicções religiosas, a construção da paz é uma tarefa à qual todas as ideologias devem colaborar. A Encíclica faz um claro convite a todos os fiéis para que assumam compromissos concretos na vida política, o que sacudiu os meios católicos, tradicionalmente reacionários, a este tipo de compromisso em nome da fé.

c) *Populorum Progressio: desenvolvimento é o novo nome da paz*

O enfoque positivo e otimista do Concílio ante o mundo moderno contrasta com o tom da *Populorum Progressio*, que serve de ponto de equilíbrio. Seu objetivo é concretizar a doutrina de *Gaudium et Spes*, no sentido de fazer uma chamada urgente à ação (*PP* 1).

A *Populorum Progressio* começa fazendo forte denúncia dos mecanismos causadores da exploração dos povos menos avançados: critica o sistema de comércio internacional, através do qual o Terceiro Mundo vê como se incrementam, sem parar, os preços do que eles têm de pagar, enquanto o preço do que eles produzem se mantém quase invariável, quando não em baixa (*PP* 7, 8, 58).

Partindo da prioridade do "ser" sobre o "ter" (*PP* 12-21), Paulo VI propõe duas grandes diretrizes de ação. A primeira se refere à necessidade de uma transformação radical e planejada das economias do Terceiro Mundo (*PP* 29,32,33). Só assim se evitará que terminem tendo razão as alternativas da revolução violenta (*PP* 31). Ainda no caso justificável da *tirania prolongada*, diz o Papa, a violência geralmente tem consequências mais prejudiciais que a situação anterior. A segunda diretriz tem por objeto a forma de proceder dos países industrializados: se afirma a obrigação que estes têm de contribuir com os mais pobres, como compensação por comportamentos injustificáveis em épocas passadas (*PP* 48-49). A Encíclica termina fazendo um convite a todos os povos para que se empenhem em construir uma ordem internacional baseada na justiça, já que "o desenvolvimento é o novo nome da paz" (*PP* 76-79).

3ª Chave de leitura: o desafio do pluralismo dos sistemas socioeconômicos e a presença dos cristãos na vida pública

Na década de 1970, o Pensamento Social da Igreja, superando um posicionamento apologético ante os sistemas liberal-capitalista e coletivista-marxista, mediante duas encíclicas fornecerá novos critérios para a presença dos cristãos na vida pública. O fato de ambos os sistemas terem sérios limites não pode ser motivo para o descompromisso dos cristãos com o social. A primeira encíclica é a *Octogesima Adveniens*, publicada por Paulo VI em 1971, e a segunda é a *Laborem Exercens*, publicada pelo Papa João Paulo II, dez anos mais tarde, em 1981.

O pluralismo da sociedade moderna obriga a falar também de uma presença plural e diversificada dos fiéis em seu seio. Nenhum âmbito da vida social pode ficar excluído, nem aqueles ante os quais os cristãos sempre se mostraram reticentes, como a vida política e o compromisso sindical. Menos ainda se deve fugir das ideologias, qualquer que seja ela, ou buscar refúgio em projetos exclusivos da Igreja.

a) Octogesima Adveniens: distinguir a ideologia do projeto histórico por ela inspirado

Toda a doutrina social de Paulo VI, em especial, a *Octogesima Adveniens* está impregnada pela questão do *pluralismo* da presença cristã num mundo plural. Seguindo o método *ver-julgar-agir*, o Papa reconhece, em sua introdução, a impossibilidade de oferecer soluções com validade universal, e anima as comunidades locais a chegar a opções concretas.

Entre os fenômenos mais significativos da sociedade moderna, a *Octogesima Adveniens* destaca "a aspiração à igualdade e à participação, ambas formas oriundas da dignidade e liberdade do ser humano" (*OA* 22). Diante deste panorama, a Encíclica reconhece a *democracia* como a resposta mais adequada para organizar a convivência social. Entretanto, pergunta-se o Papa: as ideologias vigentes – liberalismo/marxismo – que, à luz dos pressupostos da fé cristã, tradicionalmente têm sido consideradas como inaceitáveis para os cristãos, será que excluem toda forma de colaboração? Haveria alguma margem de compromisso do cristão com estas ideologias, dado que, se por um lado, não cabe à Igreja propor um projeto de sociedade, por outro não pode colocar-se à margem dela?

Paulo VI, retomando João XXIII, distingue entre *ideologia* (visão global de pessoa e sociedade) e *movimento histórico* dela derivado, que oferecem projetos concretos de organização da vida social. A partir desta distinção, a *Octogesima Adveniens* rejeita, seja o liberalismo, seja o marxismo, como incompatíveis com a visão cristã de pessoa (*OA* 26), mas se mostra tolerante com os movimentos históricos derivados deles. Recomenda o Papa que, após um atento discernimento, a vinculação dos cristãos com estes movimentos seja real, mas não incondicional. Em outras palavras, conscientes de seu fundo ideológico, deverão manter distância crítica deles, mas não a tal ponto que leve a ser um obstáculo para um compromisso social efetivo. Sua ambiguidade não pode ser escusa, nem para a inatividade nem para recorrer a movimentos confessionais como a única saída.

b) *Laborem Exercens: sobre toda propriedade privada pesa uma hipoteca social*

Depois das orientações de Paulo VI na *Octogesima Adveniens*, a Encíclica *Laborem Exercens* de João Paulo II volta à temática própria da sociedade industrial e ao conflito típico entre capital e trabalho. O objetivo é aplicar ao terreno socioeconômico as diretrizes da *Octogesima Adveniens*, com vistas a discernir o alcance do compromisso dos cristãos com o capitalismo e o coletivismo.

Há, nesta encíclica, uma clara afirmação da prioridade da pessoa humana (*LE* 6) sobre qualquer interesse econômico; há sempre a prioridade do trabalho sobre o capital, seja o sistema capitalista, seja coletivista. Para a *Laborem Exercens*, este não é um problema próprio do capitalismo. O coletivismo, que quis acabar com a exploração do trabalhador, eliminando a propriedade privada, não fez mais que convertê-lo em escravo de outro senhor – a burocracia do partido e os interesses de seus dirigentes. Em ambos os casos, o trabalhador está submetido, a prioridade do trabalho sobre o capital é negada e o materialismo se impõe sobre a pessoa humana.

Uma segunda contribuição da Encíclica está em mostrar que os dois sistemas têm em comum o economicismo e o materialismo, que terminam subordinando a pessoa humana aos interesses econômicos, reduzindo-a a mero instrumento de produção. A *Rerum Novarum* e a *Quadragesimo Anno* haviam se ocupado em mostrar, sobretudo, as diferenças entre capitalismo e socialismo. A denúncia do materialismo de ambos, entretanto, não leva o Papa a rejeitar taxativamente nenhum dos dois sistemas. Antes, mostra a via pela qual se deve buscar a superação de seus limites: a efetiva participação do trabalhador na atividade produtiva, como ser humano e não só como força de trabalho/produção. A isso João Paulo II chama de "autêntica socialização". Aqui está a novidade de *Laborem Exercens* – a doutrina a respeito da propriedade privada. Para o Papa, o decisivo não é que a propriedade seja privada ou pública, mas que esteja a serviço da pessoa humana. A Encíclica põe em relevo o valor industrial da propriedade, mas submetida ao princípio da destinação universal dos bens.

4ª Chave de leitura: globalização e inclusão social

As décadas de 1990 e 2000 estarão sob a égide da globalização, particularmente pela via do livre mercado e do sistema financeiro internacional, ainda que concomitantemente também haja a emergência de uma consciência planetária, propiciada pela cibernética, a cidadania, a espiritualidade e a ecologia. A primeira encíclica deste período é a *Sollicitudo Rei Socialis*, publicada pelo Papa João Paulo II, em 1987. Nela, o Papa tende situar a causa da distância entre as condições de vida entre Norte e Sul no conflito Leste-Oeste. Dois anos mais tarde, cairia o Muro de Berlim, sem que a situação melhore, o que leva o Papa a fazer uma autocrítica com a publicação de uma nova encíclica – a *Centesimus Annus* (1991), dois anos depois deste acontecimento. Seguiu-se um longo silêncio de décadas. Seria preciso esperar praticamente vinte anos para que o Papa Bento XVI publicasse outra encíclica – a *Caritas in Varitate* (2009), tirando lições da grande crise mundial de 2006.

a) *Sollicitudo Rei Socialis: a inter-relação dos conflitos Norte-Sul e Leste-Oeste*

A Encíclica *Sollicitudo Rei Socialis*, publicada na celebração dos vinte anos de PP, põe em relevo os problemas do Terceiro Mundo – a desesperada situação em que se encontram os povos subdesenvolvidos. Nos últimos vinte anos não só se vão incrementado as diferenças como se perdeu a esperança (*SRS* 14). Para o Papa, o contraste entre hiperdesenvolvimento e subdesenvolvimento leva a unir dois problemas que até agora vinham sendo considerados independentes: a polarização Leste-Oeste e o enfrentamento Norte-Sul (*SRS* 20). O subdesenvolvimento do Sul não somente é consequência do desenvolvimento do Norte como também resultado do enfrentamento dos dois blocos. Esta oposição irredutível leva a cada um dos blocos a buscar uma ampliação do âmbito de suas influências ou a melhor estratégia para defender-se do outro e aumentar seu poder sobre ele. As vítimas desse expansionismo são os povos do Sul, que se encontram privados de sua autonomia e submetidos aos interesses estratégicos das grandes potências.

Esta análise leva João Paulo II a uma reflexão sobre as exigências de um autêntico desenvolvimento. O conceito é o da *Populorum Progressio*, enriquecido com maior aprofundamento teológico: do ponto de vista cristão, o desenvolvimento conecta com a responsabilidade do ser humano em continuar a obra criadora que Deus iniciou e de fazê-lo de acordo com seus desígnios (*SRS* 30). O conceito também é iluminado a partir da esperança que Cristo nos abriu num futuro de fraternidade para os todos os povos (*SRS* 31). Para a Encíclica, a situação de subdesenvolvimento é uma "estrutura de pecado" (*SRS* 36). O mundo moderno instaurou sistemas de valores e formas de comportamento baseados na absolutização do afã de ganância e de sede de poder, de cujos frutos estamos todos padecendo. Não só padecendo, como os levamos igualmente bem arraigados dentro de nós mesmos. Diante desta situação, a Encíclica propõe um novo sistema de valores, baseado na *solidariedade*, como atitude própria de quem se sente responsável pelos demais, e nunca em competição com eles (*SRS* 38-40). Daí brotam as exigências de edificação de uma nova ordem econômica mundial (*SRS* 44).

b) *Centesimus Annus: ante o coletivismo, o capitalismo tem vantagens*

Esta Encíclica tinha como objetivo inicial celebrar o centenário de *Rerum Novarum* e fazer um balanço dos cem anos do Pensamento Social da Igreja. No entanto, os acontecimentos do Leste da Europa, que culminaram na queda do Muro de Berlim, mudaram o projeto. O texto final da Encíclica quer conjugar dois objetivos: analisar a fecundidade do Pensamento Social da Igreja em seu desenrolar histórico e examinar a fundo a queda de regime coletivista e suas causas.

A *Centesimus Annus* apresenta a *Rerum Novarum* como um germe doutrinal que se mostrou extraordinariamente fecundo, na teoria e na prática, ao longo deste século (cap. 1). No capítulo 2, recolhe os principais acontecimentos do século XX, tendo como referência constante o marxismo, um dos interlocutores mais relevantes do Pensamento Social da Igreja no século XX. Neste particular, ainda que João Paulo II nunca proponha o Pensamento Social da Igreja como uma alternativa ao marxismo ou a qualquer outra ideologia (*CA* 43), a Encíclica está bastante condicionada pela contraposição entre Pensamento Social e marxismo. Olhando para o futuro, a *Centesimus Annus* se pergunta pela solução dos problemas que ficam pendentes, uma vez desaparecido o coletivismo marxista: são os problemas do Terceiro Mundo marginalizado e explorado (*CA* 33-34), como também dos países ex-comunistas que buscam um modelo novo (*CA* 42). João Paulo II não quer que sua dura análise do marxismo e do coletivismo seja interpretada como uma aceitação incondicional do capitalismo. Ante o único sistema, a *Centesimus Annus* crítica seus excessos e reconhece suas vantagens. Para o Papa, a única alternativa é um sistema baseado no trabalho livre, na empresa e na participação (*CA* 35). A livre-iniciativa só pode ser aceita dentro de um marco jurídico subordinado às exigências da liberdade integral (*CA* 42). Para o Papa, as vantagens do mercado são inegáveis, mas o Estado precisa intervir nele para ordenar a vida social em vista do bem comum. E conclui frisando que é preciso buscar uma sociedade em que a pessoa não seja sufocada, nem pelo Estado nem pelo mercado (*CA* 49).

c) *Caritas in Veritate:* o governo da globalização precisa ser poliárquico

Caritas in Veritate celebra os 40 anos da *Populorum Progressio* e quer retomar o tema do desenvolvimento integral de Paulo VI – "desenvolvimento da pessoa inteira e de todas as pessoas" – e atualizá-lo dentro do novo contexto de um mundo globalizado.

Para a *Caritas in Veritate*, o desenvolvimento, hoje, dentro do novo contexto de um mundo globalizado pela crescente mobilidade sem barreiras do capital financeiro, tornou-se policêntrico, interligado mundialmente, sem fronteiras. Mas a globalização está desgovernada. O contexto atual, sobretudo depois da última crise financeira, leva a reavaliar o papel do Estado e a tomar consciência da importância da sociedade civil. Na promoção de um desenvolvimento integral, frisa Bento XVI, a *Centesimus Annus* havia evocado o trinômio – *mercado-Estado-sociedade civil*. Para fazer frente ao mercado, a *Caritas in Veritate* invoca um outro – *Estado-comunidade política-sociedade civil*. O Estado é importante para regulamentar o mercado e a comunidade política, para buscar a justiça, através da redistribuição da riqueza.

Já para governar a globalização, tal como havia evocado João XIII na *Mater et Magistra*, se necessita de uma "autoridade mundial", mas com a importante missão hoje, entre outras, de regular o sistema financeiro para impedir escandalosas especulações. Para a *Caritas in Veritate*, o governo da globalização deve ser de tipo subsidiário e poliárquico. Por sua vez, a subsidiariedade deve estar unida à solidariedade.

A subsidiariedade sem a solidariedade cai no particularismo social e a solidariedade sem a subsidiariedade cai no assistencialismo, que humilha o necessitado.

O papel da sociedade civil é evocado pela encíclica, principalmente, para introduzir a *gratuidade* na economia. A caridade na verdade coloca o ser humano diante da experiência do dom, despercebida por uma visão meramente produtiva e utilitarista da existência. O desenvolvimento econômico, social e político precisa, se quiser, ser autenticamente humano, dar espaço ao princípio da gratuidade como expressão de fraternidade. Frisa Bento XVI que a interligação mundial fez surgir um novo poder político: os dos consumidores e suas associações, fruto da consciência de que comprar é sempre um ato moral, para além do econômico. A sociedade civil pode forjar formas de cooperação entre os consumidores, colocando ética e gratuidade no mercado.

Hoje, também, o problema do desenvolvimento está estreitamente unido com o progresso tecnológico. Mas ele se degenera se se pensa que se pode recriar valendo-se unicamente dos "prodígios" da tecnologia. Da mesma forma que ele se revela fictício e danoso, quando se abandona aos "prodígios" das finanças. O desenvolvimento é impossível sem pessoas retas, éticas, sem operadores econômicos e políticos que sintam intensamente em suas consciências o apelo ao bem comum. O desenvolvimento, além de abarcar o crescimento material, precisa incluir também o espiritual. Entretanto, derivada do tecnicismo é a redução da vida interior ao psicológico, negando-se, com isso, a dimensão espiritual do ser humano. Para a construção da comunidade social no respeito do bem comum, faz-se necessário o discernimento sobre o contributo das religiões. Mas, para as religiões poderem dar seu contributo para o desenvolvimento, Deus precisa ter seu lugar na esfera pública, concretamente nas dimensões cultural, social, econômica e política. Por outro lado, da consciência de um mundo fruto não do acaso nem da necessidade, mas de um projeto de Deus, nasce o dever dos crentes de unir seus esforços com todas as pessoas de boa vontade, para que este mundo corresponda ao projeto divino de constituir uma só família.

Mas há limites na *Caritas in Veritate*. Tal como já havia mostrado João XXIII na *Pacen in Terris*, há um conflito entre hemisfério Norte e Hemisfério Sul, para além do costumeiro conflito Leste-Oeste (bloco capitalista e bloco socialista). João Paulo II, na *Sollicitudo Rei Socialis*, havia dito que o subdesenvolvimento era fruto não só do conflito Norte-Sul, mas também do Leste-Oeste. A *Caritas in Veritate* não cita o antigo conflito Leste-Oeste e tampouco faz referência às anomalias entre Norte e Sul, como se a globalização houvesse superado as diferenças entre os dois hemisférios. Para a Encíclica, o desenvolvimento tornou-se "policêntrico", quando na realidade a globalização globalizou mais os mercados e o sistema financeiro do que a solidariedade entre as nações dos hemisférios Norte e Sul.

5ª Uma nova chave de leitura: a ecologia

Historicamente, a ecologia no Pensamento Social da Igreja era um tema entre outros, tratado pontualmente sem muita conexão com os demais. Com a *Laudato Si'*, a ecologia passa a ser um paradigma e, portanto, uma ótica ou uma questão transversal, fator essencial para todo cristão em seu compromisso com o social. A ecologia constitui uma chave de leitura do Pensamento Social da Igreja, não propriamente porque um papa pela primeira vez lhe dedique uma encíclica, mas pelo modo como ela é abordada. João Paulo II e Bento XVI já haviam falado de "ecologia humana" para além dos limites de uma "ecologia ambiental" (*CV* 137), mas é na *Laudato Si'* que o Papa Francisco irá tematizá-la nos parâmetros de uma "ecologia integral".

A ecologia precisa ser integral, pois ela interlaça Criador-Criação-Criaturas. Criação é mais do que "natureza", dado que é portadora de um destino ou de uma finalidade impressa pelo Criador, "tem a ver com um projeto de amor de Deus" (*LS* 76). Também é mais que a "terra", é o universo, "composto por sistemas abertos que entram em comunhão uns com os outros" (*LS* 79). Assim sendo, cada ser, por minúsculo que seja, tem um valor intrínseco, pois "comunica uma mensagem e dá glória a Deus" (*LS* 33). A ligação da Criação com Deus se dá pelo Criador, mas também pelo Cristo encarnado e ressuscitado, que torna sagrada a matéria e toda a terra (*LS* 83). Pelo Espírito, as três Pessoas divinas estão em relação, assim como todas as coisas em relação são ressonância da Trindade (*LS* 240).

Na ecologia integral, as criaturas animadas, incluído o ser humano, conformam um ecossistema, em estreita relação de dependência das criaturas inanimadas. O ser humano, entretanto, enquanto criatura cocriadora, criado à imagem e semelhança do Criador, recebeu a missão de "cuidar" e "cultivar" a terra, como responsável e colaborador da criação contínua de Deus. Somos "administradores", com direito de uso e não de posse dos bens recebidos gratuitamente, e, portanto, com o dever de um dia prestar contas diante de Deus. O "cuidado da casa comum" abarca todos os campos, o ambiental, o econômico, o social, o cultural, o espiritual e também a vida cotidiana (*LS* 147-148). A economia e a política devem servir ao bem comum e criar as condições de uma plenitude humana possível (*LS* 189-198).

Infelizmente, o pecado fere a terra e está ferindo os filhos da terra. O consumismo, o mercantilismo e a tecnocracia colocaram em risco a vida humana e seus ecossistemas. Os pobres são as primeiras vítimas da deterioração ambiental; por isso, "grito da terra" é também o "grito dos pobres". O aquecimento global é o sintoma de uma crise ecológica de proporções profundas, ante a qual se impõe "um começo novo" (*LS* 207), através de uma "conversão ecológica" coletiva, que resgate a harmonia perdida. Ciência e religião, vida cotidiana e espiritualidade precisam entrar em diálogo. Há urgente necessidade de uma mudança de rumo, pois precisamos sair da espiral de autodestruição em que nos estamos afundando" (*LS* 163). A interdependência de todos com todos nos leva a pensar "num só mundo com um projeto comum" (*LS* 164). Urge um novo estilo de vida, assentado sobre o cuidado, a compaixão, a sobriedade compartida, a aliança entre humanidade e o ambiente, pois ambos estão umbilicalmente ligados e a corresponsabilidade por tudo o que existe e vive e pelo nosso destino comum (*LS* 203-208). Uma espiritualidade com sensibilidade ecológica nos faz ver que "o mundo é mais que uma coisa a se resolver, é um mistério grandioso para ser contemplado na alegria e no louvor" (*LS* 12).

Chaves de leitura da *Laudato Si'*

Não vamos, aqui, fazer um resumo do rico conteúdo da Encíclica *Laudato Si'*. O ideal é ler integralmente o texto que, embora um pouco longo, está numa linguagem quase coloquial, querigmática, acessível ao grande público, bem no estilo simples e profundo do Papa Francisco. Além disso, no capítulo seguinte, há um resumo-sintético da Encíclica, nas palavras do Papa, elegendo-se o essencial do texto. O que nos propomos, aqui, é dar uma visão global da Encíclica, a partir de algumas chaves de leitura que permitam ver o texto para além do texto, também nas entrelinhas.

O que sobressai no texto, mesmo antes de sua leitura, é sua estrutura. Desde o Papa João XXIII, o Pensamento Social da Igreja se caracteriza pelo seu caráter indutivo, articulando a reflexão a partir da história, do contexto ou da situação na qual os cristãos estão inseridos na sociedade de seu tempo. Na Encíclica *Mater et Magistra*, o Papa assume e recomenda como método de ação a trilogia da Ação Católica especializada, mais concretamente da Juventude Operária Católica (JOC), criada por J. Cardijn – *ver-julgar-agir*. Mais tarde, o Concílio Vaticano II a assumiria como método de reflexão na Constituição *Gaudium et Spes*, assim como o fizeram as encíclicas sociais do magistério pontifício posterior e do magistério da Igreja na América Latina. Os Bispos de nosso subcontinente, na Conferência de Medellín, dirão que "todo compromisso pastoral brota de um discernimento da realidade" (*Med* 15, 36). Entretanto, nas últimas décadas, o método ver-julgar-agir vinha sofrendo ataques por setores conservadores da Igreja, adeptos de uma racionalidade dedutiva, essencialista, pré-moderna, nos moldes da escolástica medieval. Argumentam que se deve partir de Jesus Cristo e não da realidade, não percebendo que Deus está presente nela também. A Conferência de Aparecida resgatou a trilogia, assim como o Papa Francisco em seus pronunciamentos e documentos.

Ver-julgar-agir não é apenas uma trilogia de forma, que dá uma estrutura à reflexão sobre um tema ou à redação de um texto. Por detrás do método, há uma epistemologia, pois um bom método é sempre uma pedagogia em contexto. Não é possível separar conteúdo e método. O método faz parte do conteúdo, da mesma forma que na teologia cristã o método também é mensagem. Ademais, ver-julgar-agir não são três passos estanques, separados um do outro, mas três momentos de um único procedimento, articulados dialeticamente. Dizia J. Cardijn que o "agir" é a melhor introdução ao "ver", da mesma forma que a realidade incide sobre a revelação no "julgar" que, por sua vez, emite uma luz sobre a situação vista, provocando uma dupla reação – uma mudança de sentido tanto na realidade como na mensagem revelada.

Partir do "ver" significa assumir que estamos inseridos na história, na precariedade do presente, e que, na evangelização, seguindo a dinâmica do mistério da Encarnação do Verbo, como dizia Irineu de Lion, "o que não é assumido, não é redimido". Buscar as luzes da revelação no momento do "julgar", carregados das perguntas oriundas do contexto vivido por pessoas de fé, significa assumir que o ser humano é constitutivo da revelação, porquanto a Palavra de Deus sempre nos chega em palavra humana, fruto do discernimento da revelação que se dá na vida. Como dizia Santo Agostinho, "Deus primeiro nos deu o livro da vida, depois nos deu o livro da Bíblia, um código para decifrar Deus que sempre se revela na vida". O "agir" remete ao "fazer a verdade", à eficácia da fé, e, por isso, no seio da trilogia, sempre se parte da ação para retornar à ação, o momento do método que assegura o caráter performativo da mensagem cristã.

Como os três momentos da trilogia estão articulados em forma dialética, a fé entra ou se faz presente nos três momentos do método. Jesus Cristo está no "ver" (presente no contexto histórico), no "julgar" (na Palavra que ilumina) e no "agir" (na fé que passa pelas obras). Mas, para não deixar dúvidas, como o fazem diversos segmentos da Igreja na América Latina, o Papa Francisco acrescenta à trilogia um quarto momento, o momento do "celebrar", justamente para dizer que a fé, Jesus Cristo, a Palavra de Deus estão presentes no método. No momento do "julgar", o texto da *Laudato Si'* apresenta a exigência e a urgência de uma "conversão ecológica", respaldada numa "espiritualidade com sensibilidade ecológica", que tem em São Francisco de Assis um paradigma.

Seguindo a trilogia ver-julgar-agir, que estrutura o texto da Encíclica, somado ao momento do "celebrar", podemos fazer uma leitura global do texto, a partir de quatro chaves de leitura.

1ª Chave de leitura: escutar o grito da terra, grito dos pobres (ver)

Para a *Laudato Si'*, não estamos "na" terra, somos terra (*LS* 2), e, portanto, uma verdadeira abordagem ecológica sempre se torna também uma abordagem social. E se o fizermos tendo em conta a justiça e fraternidade universal, ouvir o clamor da terra implica ouvir também o clamor dos pobres, pois os problemas ambientais afetam primeiramente e de forma mais incisiva aos mais pobres. Frisa o Papa: "aos gemidos da irmã Terra se unem os gemidos dos abandonados deste mundo" (*LS* 53).

Olhando ao nosso redor, constatamos que a humanidade se encontra em uma espiral de autodestruição, causada por uma única e complexa crise socioambiental, cujos sintomas mais visíveis são a degradação humana e ambiental, o eminente esgotamento dos recursos naturais, as mudanças climáticas e as catástrofes naturais. Chama a atenção o Papa que "basta olhar a realidade, com sinceridade, para ver que há uma deterioração de nossa casa comum" (*LS* 61), particularmente perceptíveis nas mudanças climáticas (*LS* 20-22), na questão da água (*LS* 27-31), da erosão da biodiversidade (*LS* 32-42), da deterioração da qualidade da vida humana e na degradação da vida social (*LS* 43-47). Constata a Encíclica que "nunca temos ofendido nossa casa comum como nos últimos dois séculos" (*LS* 53). Segundo o Papa, "é gravíssima iniquidade obter importantes benefícios fazendo pagar o resto da humanidade, presente e futura, os altíssimos custos da degradação ambiental" (*LS* 36). A situação atual é insustentável, pois deixamos de pensar os fins do agir humano" (*LS* 61) e nos perdemos na construção de meios destinados à acumulação ilimitada à custa da injustiça ecológica (degradação dos ecossistemas) e da injustiça social (empobrecimento das populações).

Um dos gritos da terra e dos pobres é a grave situação climática, mais concretamente o aquecimento global, pois gera graves implicações ambientais, sociais, econômicas e políticas, constituindo atualmente um dos principais desafios para a humanidade (*LS* 25). O clima é um bem comum, um bem de todos e para todos (*LS* 23), e o maior impacto da sua alteração recai sobre os mais pobres. Entretanto, os que detêm mais recursos e poder econômico ou político parecem concentrar-se, sobretudo, em mascarar os problemas ou ocultar os seus sintomas (*LS* 26). Impõe-se, sobretudo aos mais ricos, tomar consciência da necessidade de mudanças no estilo de vida, de produção e de consumo, para combater esse aquecimento. Prova disso, é o derretimento das calotas polares e dos glaciares, assim como a "perda das florestas tropicais" (*LS* 24). Também neste particular, os impactos mais sérios recairão, nas próximas décadas, sobre os países em vias de desenvolvimento. Daí a necessidade imperiosa de políticas capazes de fazer com que, nos próximos anos, a emissão de anidrido carbônico e outros gases altamente poluentes se reduza drasticamente (*LS* 26).

Um segundo grito da terra e dos pobres é a questão da água. Lembra a *Laudato Si'* que "o acesso à água potável e segura é um direito humano essencial, fundamental e universal, porque determina a sobrevivência das pessoas e, portanto, é condição para o exercício dos outros direitos humanos" (*LS* 30). Privar os pobres do acesso à água significa "negar-lhes o direito à vida radicado na sua dignidade inalienável" (*LS* 30). A pobreza da "água pública" se verifica "especialmente na África" (*LS* 30). Perante a tendência para se privatizar este recurso escasso, tornando-se uma mercadoria sujeita às leis do mercado, recorda que o acesso *à água* potável e segura *é* um direito humano essencial, fundamental e universal (*LS* 30).

Um terceiro grito é a perda da biodiversidade do planeta. Frisa o Papa que, "anualmente, desaparecem milhares de espécies vegetais e animais, que os nossos filhos não mais poderão ver, perdidas para sempre" (*LS* 33). Entre os lugares que requerem um cuidado particular, pela sua enorme importância para o ecossistema mundial, a *Laudato Si'* menciona os "pulmões do planeta repletos de biodiversidade, que são a Amazônia e a bacia fluvial do Congo, assim como os grandes lençóis freáticos e os glaciares" (*LS* 38). Convida a não ignorar também os enormes interesses econômicos internacionais que, a pretexto de cuidar deles, podem atentar contra as soberanias nacionais. Cada espécie de vida não é um eventual recurso explorável, mas tem um valor em si mesma (*LS* 69). Nesta perspectiva, são louváveis e admiráveis os esforços de cientistas e técnicos que procuram dar solução aos problemas criados pelo ser humano. Entretanto, a intervenção humana, quando se coloca a serviço da finança e do consumismo, "faz com que esta terra onde vivemos se torne realmente menos rica e bela, cada vez mais limitada e cinzenta" (*LS* 34).

Um quarto grito da terra e dos pobres é com relação à deterioração da qualidade da vida humana e da degradação social. Isto se manifesta, por exemplo, no crescimento desmedido e descontrolado de muitas cidades, que se tornaram pouco saudáveis para viver, seja na poluição, seja no caos urbano. O ambiente humano e o ambiente natural degradam-se em conjunto, atingindo os mais fracos (*LS* 48). Os poluentes atmosféricos provocam milhões de mortes prematuras, em particular entre os mais pobres. Também a poluição causada pela fumaça da indústria, pelas descargas, pelos pesticidas, pelos resíduos (*LS* 20). A terra, nossa casa, parece transformar-se cada vez mais num imenso depósito de lixo (*LS* 21). A solução, adverte o Papa, não passa pela redução da taxa de natalidade, que se quer atingir, inclusive, com pressões internacionais sobre países em vias de desenvolvimento (*LS* 50). Na realidade, existe uma verdadeira "dívida ecológica" entre Norte e Sul (*LS* 51), pois o aquecimento causado pelo enorme consumo de alguns países ricos tem repercussões nos lugares mais pobres da terra. É necessário que os países desenvolvidos contribuam para resolver esta dívida, limitando significativamente o consumo de energia não renovável e fornecendo recursos aos países mais necessitados. As responsabilidades são diversificadas (*LS* 52). As regiões e os países mais pobres têm menos possibilidade de adotar novos modelos de redução do impacto ambiental.

Concluindo o olhar analítico sobre "o que está acontecendo na casa comum", o Papa registra a debilidade das reações. Embora não faltem exemplos positivos (*LS* 58), sinaliza "um certo torpor e uma alegre irresponsabilidade" (*LS* 59). Faltam uma cultura adequada (*LS* 53) e a disponibilidade em mudar estilos de vida, de produção e de consumo (*LS* 59), enquanto é urgente "criar um sistema normativo, que inclua limites invioláveis e assegure a proteção dos ecossistemas" (*LS* 53).

2ª Chave de leitura: superar o antropocentrismo e a tecnocracia (julgar)

A realidade, por mais dura que seja, não tem a última palavra. Antes, cresce nossa responsabilidade ante ela, sobretudo se somos cristãos e se buscamos as luzes da revelação. Um olhar desde a fé sobre "a situação da casa comum", segundo a Encíclica, remete a dois problemas de fundo: o antropocentrismo moderno e, decorrente dele, a tecnocracia. A este respeito, na *Laudato Si'*, há uma iluminação da realidade sob duas óticas: uma científica e outra teológica.

Luzes que vêm das ciências da natureza

Uma análise do ponto vista das ciências mostra que há uma "raiz humana da crise ecológica" (*LS* 101-136). A ciência e a técnica são dois grandes valores da modernidade, capazes de melhorar a qualidade de vida do ser humano" (*LS* 103), mas foram usadas para submeter a economia, a política e a natureza, em vista da acumulação de bens materiais (*LS* 109). A tecnociência, instrumentalizada pela tecnocracia (*LS* 108), parte de um pressuposto equivocado: a "disponibilidade infinita dos bens do planeta" (*LS* 106). Entretanto, o planeta tem recursos limitados e grande parte dos bens e serviços não é renovável. Esgotar recursos significa romper a cadeia da vida, pois "tudo está relacionado" (*LS* 117) ou "tudo está em relação" (*LS* 120). A fragmentação do saber, que leva a ver as coisas isoladamente, impede de "reconhecer o valor intrínseco de cada ser e até negar um peculiar valor do ser humano" (*LS* 118). Cada ser, por menor que seja, tem um valor intrínseco (*LS* 69). Negá-lo significa impedir que "cada ser comunique a sua mensagem e dê glória a Deus" (*LS* 33).

A perda de vista do valor intrínseco de cada ser (*LS* 33) deve-se ao antropocentrismo moderno, que equivocadamente pressupõe que as coisas apenas possuem valor na medida em que se ordenam ao uso humano. Ora, como tudo está em relação (*LS* 120), consequentemente, "nós seres humanos somos unidos como irmãos e irmãs e nos unimos com terno afeto ao irmão sol, à irmã lua, ao irmão rio e à mãe Terra" (*LS* 92). Somos chamados a reconhecer que cada criatura é objeto da ternura do Pai, que lhe atribui um lugar no mundo.

Luzes que vêm da mensagem revelada

Do ponto de vista teológico, para o Papa, contribuiu para o antropocentrismo moderno, tecnocrata, uma equivocada interpretação da vocação do ser humano ante a Criação no relato do Gênesis. Em lugar de "dominar a terra", como comumente se leu o mandato do Criador, na realidade, ali está impresso o mandato de "cuidar" e "cultivar", o que desqualifica o ser humano colocar-se no lugar de Deus, explorando os bens recebidos, sem medida. Como criatura cocriadora, o ser humano é seu colaborador. Por isso, o cristianismo prefere falar de Criação ao invés de natureza, pois "Criação tem a ver com um projeto de amor de Deus" (*LS* 76). Cada ser humano é criado por amor, feito à imagem e semelhança de Deus, mas não somos Deus. A terra existe antes de nós e foi-nos dada. Estamos desautorizados, portanto, a fazer uma exploração selvagem da natureza. A narrativa bíblica revela a inter-relação do ser humano em três níveis: relação com Deus, com o próximo e com a terra. A ruptura desta inter-relação é o pecado (*LS* 66). O fato de termos sido criados à imagem de Deus não nos dá o direito de um domínio absoluto sobre as outras criaturas. O fim das demais criaturas não é o ser humano, pois todas avançam, juntamente conosco e através de nós, para a meta comum que é Deus (*LS* 83).

Por outro lado, dizer que o ser humano não é dono do universo não significa igualar todos os seres vivos e tirar dele aquele valor peculiar que o caracteriza. Tampouco significa uma divinização da terra, que nos privaria da nossa vocação de colaborar com ela e proteger a sua fragilidade (*LS* 90). Não é autêntico um sentimento de união íntima com os outros seres da natureza se, ao mesmo tempo, não houver no coração ternura, compaixão e preocupação pelos seres humanos (*LS* 91). Cuidar na natureza implica, ao mesmo tempo, combater a pobreza. Ressalta a Encíclica que é evidente a incoerência de quem luta contra o tráfico de animais em risco de extinção, mas fica completamente indiferente perante o tráfico de pessoas, se desinteressa dos pobres ou procura destruir outro ser humano de quem não gosta. Isto compromete o sentido da luta pelo meio ambiente. Em outras palavras, não se pode igualar todos os seres vivos e muito menos divinizar a Terra. Todas as criaturas conformam uma comunhão universal, que nos impele a um respeito sagrado, amoroso e humilde (*LS* 89).

Uma ecologia integral

No coração da iluminação teológica da situação do que se passa com nossa "casa comum", está a proposta da Encíclica de uma ecologia integral, como um novo paradigma de justiça. Uma ecologia "que integre o lugar específico que o ser humano ocupa neste mundo e as suas relações com a realidade que o circunda" (*LS* 15). Isso significa ir além da costumeira ecologia ambiental (*LS* 137), abarcando também outros campos como o econômico, o social, o cultural, o espiritual e a vida cotidiana (*LS* 147-148), sem esquecer os pobres, que testemunham também sua forma de ecologia humana e social, vivendo laços de pertença e de solidariedade de uns para com os outros (*LS* 149). Uma ecologia integral "impede-nos de considerar a natureza como algo separado de nós ou como uma mera moldura da nossa vida" (*LS* 139) e advoga por uma ecologia que una questões ambientais e questões sociais e humanas. Uma análise dos problemas ambientais mostra que eles são inseparáveis dos problemas humanos, familiares, laborais, urbanos, assim como da relação de cada pessoa consigo mesma (*LS* 141). Para o Papa, "não há duas crises separadas, uma ambiental e outra social, mas uma única e complexa crise socioambiental" (*LS* 139).

A ecologia integral "é inseparável da noção de bem comum" (*LS* 156) e, por isso, o imperativo de "uma opção preferencial pelos mais pobres" (158), que tenha presente as desigualdades e as pessoas descartadas, privadas dos direitos humanos fundamentais. Esta é a melhor maneira de deixar um mundo sustentável às gerações futuras, pois um compromisso de cuidado dos pobres de hoje reafirma a urgente necessidade moral de uma renovada solidariedade entre os indivíduos da mesma geração (*LS* 162). Frisa o Papa que um desenvolvimento autêntico pressupõe uma melhoria integral na qualidade da vida humana: espaços públicos, moradias, transportes etc. (*LS* 150-154).

3ª Chave de leitura: unir-se para promover uma ecologia integral (agir)

Na *Laudato Si'*, o Papa Francisco reconhece o debate em torno da questão ecológica: "há discussões sobre questões relativas ao meio ambiente, onde é difícil chegar a um consenso" (*LS* 188). Mas, segundo o Papa, nem por isso se pode adiar decisões mais consequentes com a solução da crise, e faz um apelo ao diálogo: "a Igreja não pretende definir as questões científicas, nem substituir-se à política, mas convido a um debate honesto e transparente, para que as necessidades particulares ou as ideologias não lesem o bem comum" (*LS* 188). Urgem iniciativas "de diálogo e de ação que envolvam seja cada um de nós, seja a política internacional" (*LS* 15), e "que nos ajudem a sair da espiral de autodestruição onde estamos afundando" (*LS* 163). Um diálogo também entre as ciências e as religiões, dado que particularmente as religiões "devem buscar o cuidado da natureza e a defesa dos pobres" (*LS* 201). Em resumo, urgem iniciativas em prol de uma ação mais consequente e eficaz ante a crise ecológica, pois "as cúpulas mundiais sobre o meio ambiente dos últimos anos não corresponderam às expectativas, porque não alcançaram, por falta de decisão política, acordos ambientais globais realmente significativos e eficazes" (*LS* 166).

Como o problema ecológico é uma questão planetária, a decisão mais importante, neste momento, é a busca de formas de uma governança mundial, tal como já havia preconizado o Papa João XXIII na *Pacem in Terris* (*LS* 175), "para toda a gama dos chamados bens comuns globais" (*LS* 174), já que "a proteção ambiental não pode ser assegurada apenas com base no cálculo financeiro de custos e benefícios. O ambiente é um dos bens que os mecanismos de mercado não estão aptos a defender ou a promover adequadamente" (*LS* 190). Precisamos desencadear processos de decisão honestos e transparentes, para poder discernir quais são políticas e iniciativas adequadas para "um desenvolvimento verdadeiramente integral" (*LS* 185). Para isso, não deixa de ser preocupante, frisa o Papa, "a perda de poder dos Estados nacionais, sobretudo porque a dimensão econômico-financeira, de caráter transnacional, tende a prevalecer sobre a política" (*LS* 175). Daí a necessidade de "instituições internacionais mais fortes, com autoridades designadas de maneira imparcial, por meio de acordos entre os governos nacionais e dotadas de poder de sancionar" (*LS* 175).

Uma séria dificuldade é a política dos governos, que, respondendo a interesses eleitorais, "não se aventuram facilmente a irritar a população com medidas que possam afetar o nível de consumo" (*LS* 178). Mas é preciso ter presente que "a política não deve submeter-se à economia" e muito menos à tecnocracia (*LS* 189). É preciso renunciar a um certo messianismo do mercado, que tende a pensar que os problemas se resolvem apenas com o crescimento dos lucros. A natureza tem limites e não pode suportar uma exploração crescente de seus recursos, por isso, "face ao crescimento ganancioso e irresponsável, que se verificou ao longo de muitas décadas, devemos pensar também em abrandar um pouco a marcha", aceitando "um certo decréscimo do consumo em algumas partes do mundo", para que outras possam crescer saudavelmente (*LS* 193). Adverte o Papa que "o princípio da maximização do lucro, que tende a isolar-se de todas as outras considerações, é uma distorção conceptual da economia" e que, hoje, "alguns setores econômicos exercem mais poder do que os próprios Estados" (*LS* 195). E faz um apelo àqueles que detêm cargos políticos, para que se distanciem da lógica "eficientista e imediatista" (*LS* 181), hoje dominante.

Com relação às ações propriamente ditas, não basta ações pontuais, em cima de emergências. É preciso um olhar diferente, um pensamento, uma política, um programa educativo, um estilo de vida e uma espiritualidade que oponham resistência ao avanço do paradigma tecnocrático. A solução vai muito além da técnica, incapaz de pensar no todo. Como tudo está interligado, tudo e todos precisam entrar num processo de conversão ecológica.

Com relação a ações mais urgentes, Francisco frisa como "indispensável um consenso mundial que leve, por exemplo, a programar uma agricultura sustentável e diversificada, desenvolver formas de energia renováveis e pouco poluidoras" (*LS* 164). O Papa afirma que a "tecnologia baseada em combustíveis fósseis" deve ser, "progressivamente e sem demora, substituída" (*LS* 165). Não se pode esperar mais, pois "a política e a indústria reagem com lentidão" (*LS* 165) e "as cúpulas mundiais sobre o meio ambiente dos últimos anos não corresponderam às expectativas" (*LS* 166). Os progressos sobre as alterações climáticas e a redução dos gases com efeito de estufa "são, infelizmente, muito escassos" (*LS* 168), também "por causa das posições dos países que privilegiam os seus interesses nacionais sobre o bem comum global" (*LS* 168). E um agravante, quando se vai buscar estratégias para combater as emissões de gás, se tende a penalizar os países pobres com "pesados compromissos de redução de emissões", criando "uma nova injustiça sob a capa do cuidado do meio ambiente" (*LS* 170).

4ª Chave de leitura: a necessidade de uma conversão ecológica (celebrar)

Nenhuma iniciativa de ação, por melhor que seja, dispensa a criação de uma "cidadania ecológica" (*LS* 211) e um novo estilo de vida, assentado sobre o cuidado, a compaixão, a sobriedade compartida, a aliança entre humanidade e o ambiente (*LS* 203-208). Isso só será possível com uma "conversão ecológica" (*LS* 216), que implica uma "espiritualidade ecológica" (*LS* 216). Somente uma espiritualidade, com sensibilidade ecológica, poderá "alimentar uma paixão pelo cuidado do mundo" (*LS* 216) e fazer tomar consciência dos pecados cometidos contra o meio ambiente. A espiritualidade cristã encoraja um "estilo de vida profético e contemplativo, capaz de gerar profunda alegria sem estar obcecado pelo consumo" (*LS* 222). Uma espiritualidade aberta às religiões, caminhos para reencontrar os valores éticos na garantia de vida para gerações futuras e no resgate de nossa própria dignidade.

Impõe-se uma conversão ecológica, pois, para salvar o planeta, faz-se necessário outro estilo de vida (*LS* 203-208), que rompa com o "consumismo obsessivo", que é "reflexo subjetivo do paradigma tecnoeconômico", que "faz crer a todos que são livres, pois conservam uma suposta liberdade de consumir", ao passo que, na realidade, a liberdade está apenas nas mãos da "minoria que detém o poder econômico e financeiro" (*LS* 203). Só uma conversão ecológica é capaz de levar as pessoas a reconhecer o mundo "como dom recebido do amor do Pai" (*LS* 220). Só com um novo estilo de vida as pessoas terão condições morais de "exercer uma pressão salutar sobre quantos detêm o poder político, econômico e social" (*LS* 206). Como comprar é sempre um ato moral, os consumidores dispõem de um poder capaz de provocar "a mudança do comportamento das empresas, forçando-as a reconsiderar o impacto ambiental e os modelos de produção" (*LS* 206).

A conversão ecológica, como toda mudança, "tem necessidade de motivações e de um caminho educativo" (*LS* 15), que envolva todos os ambientes educacionais, a começar pela "escola, a família, os meios de comunicação e a catequese" (*LS* 213). Só a educação é capaz de levar a pessoa, desde a infância, a fazer escolhas cotidianas saudáveis. Neste particular, é fundamental o papel educativo da família no cuidado da vida e no uso correto das coisas, pois uma educação ambiental é capaz de incidir sobre gestos e hábitos cotidianos, tal como a redução do consumo de água, a triagem do lixo ou "apagar as luzes desnecessárias" (*LS* 211). Será através de simples gestos cotidianos que se poderá "quebrar a lógica da violência, da exploração, do egoísmo" (*LS* 230). Para isso, ajuda muito a fé, pois "a pessoa que crê contempla o mundo, não como alguém que está fora dele, mas dentro dele, reconhecendo os laços com que o Pai nos uniu a todos os seres" (*LS* 220).

Romper com a espiral do consumismo leva a experimentar como "a sobriedade, vivida livre e conscientemente, é libertadora" e nos dá a capacidade de se alegrar com pouco (*LS* 223). A sobriedade pode nos ajudar a "voltar a sentir que precisamos uns dos outros, que temos uma responsabilidade para com os outros e o mundo e que vale a pena ser bons e honestos" (*LS* 229).

Resumo sintético da encíclica

1. *"Laudato si', mi' Signore"* – Louvado sejas, meu Senhor, "... pela nossa irmã, a mãe terra, que nos sustenta e governa e produz variados frutos com flores coloridas e verduras", cantava São Francisco de Assis.

2. Esta irmã clama contra o mal que lhe provocamos por causa do uso irresponsável e do abuso dos bens que Deus nela colocou. Crescemos pensando que éramos seus proprietários e dominadores, autorizados a saqueá-la. Por isso, entre os pobres mais abandonados e maltratados, conta-se a nossa terra oprimida e devastada, que "geme e sofre as dores do parto" (*Rm* 8,22). Esquecemo-nos de que nós mesmos somos terra (cf. *Gn* 2,7).

Nada deste mundo nos é indiferente

3. Mais de cinquenta anos atrás, o Papa João XXIII escreveu uma encíclica – *Pacem in Terris* – a todo o mundo católico e a todas as pessoas de boa vontade. Agora, à vista da deterioração global do ambiente, quero dirigir-me a cada pessoa que habita neste planeta, entrar em diálogo com todos acerca da nossa casa comum.

4. Oito anos depois da *Pacem in Terris*, em 1971, o Papa Paulo VI, na *Octogesima Adveniens*, referiu-se à problemática ecológica, apresentando-a como uma crise que é "consequência dramática" da atividade descontrolada do ser humano.

5. João Paulo II debruçou-se sobre este tema, fazendo notar o pouco empenho que se põe em "salvaguardar as condições morais de uma autêntica ecologia humana" (*CA* 38).

6. Bento XVI lembrou que "o livro da natureza é uno e indivisível" (*CA* 51). Convidou-nos a reconhecer que "o desperdício da criação começa onde já não reconhecemos qualquer instância acima de nós, mas vemos unicamente a nós mesmos".

Unidos por uma preocupação comum

7. Não podemos ignorar que, também fora da Igreja Católica, se tem desenvolvido uma profunda preocupação pela ecologia. Apenas para dar um exemplo, quero retomar brevemente parte da contribuição do amado Patriarca Ecumênico Bartolomeu.

8. O mesmo tem se referido à necessidade de cada um se arrepender do próprio modo de maltratar o planeta.

9. E chamou a atenção para as raízes éticas e espirituais dos problemas ambientais, que nos convidam a encontrar soluções não só na técnica, mas também numa mudança do ser humano; caso contrário, estaríamos enfrentando apenas os sintomas. Propôs-nos passar do consumo ao sacrifício, da avidez à generosidade, do desperdício à capacidade de partilha.

São Francisco de Assis

10. Francisco é o exemplo por excelência do cuidado pelo que é frágil e por uma ecologia integral, vivida com alegria e autenticidade. Manifestou uma atenção particular pela criação de Deus e pelos mais pobres e abandonados.

11. O seu testemunho mostra-nos também que uma ecologia integral requer abertura para categorias que transcendem a linguagem das ciências exatas ou da biologia e nos põem em contato com a essência do ser humano.

12. Por outro lado, São Francisco, fiel à Sagrada Escritura, propõe-nos reconhecer a natureza como um livro esplêndido onde Deus nos fala e transmite algo da sua beleza e bondade.

O meu apelo

13. O urgente desafio de proteger a nossa casa comum inclui a preocupação de unir toda a família humana na busca de um desenvolvimento sustentável e integral, pois sabemos que as coisas podem mudar.

14. Lanço um convite urgente a renovar o diálogo sobre a maneira como estamos construindo o futuro do planeta. Precisamos de um debate que nos una a todos, porque o desafio ambiental que vivemos e as suas raízes humanas dizem respeito e têm impacto sobre todos nós. Precisamos de nova solidariedade universal.

15. Nesta carta encíclica, em primeiro lugar, farei uma breve resenha dos vários aspectos da atual crise ecológica. A partir desta panorâmica, retomarei algumas argumentações que derivam da tradição judaico-cristã. Depois, procurarei chegar às raízes da situação atual, para além de seus sintomas, indo às causas mais profundas. Na sequência, fornecerei algumas linhas de diálogo e de ação que envolvem seja cada um de nós, seja a política internacional. Finalmente, proporei algumas linhas de maturação humana inspiradas no tesouro da experiência espiritual cristã.

16. Estes são alguns eixos que atravessam a encíclica inteira: a relação íntima entre os pobres e a fragilidade do planeta; a convicção de que tudo está estreitamente interligado no mundo; a crítica do novo paradigma e das formas de poder que derivam da tecnologia; o convite a procurar outras maneiras de entender a economia e o progresso, o valor próprio de cada criatura; o sentido humano da ecologia, a necessidade de debates sinceros e honestos; a grave responsabilidade da política internacional e local; a cultura do descarte e a proposta de um novo estilo de vida.

Capítulo I – O que está acontecendo com a nossa casa

17. Antes de reconhecer como a fé traz novas motivações e exigências perante o mundo de que fazemos parte, proponho

que nos detenhamos brevemente em considerar o que está acontecendo à nossa casa comum.

18. A contínua aceleração das mudanças na humanidade e no planeta junta-se, hoje, à intensificação dos ritmos de vida e trabalho, que não estão necessariamente orientados para o bem comum e para um desenvolvimento humano sustentável e integral.

19. Depois de um tempo de confiança irracional no progresso e nas capacidades humanas, uma parte da sociedade está entrando numa etapa de maior conscientização. Façamos uma resenha, certamente incompleta, das questões que hoje nos causam inquietação e já não se podem esconder debaixo do tapete.

1. Poluição e mudanças climáticas
Poluição, resíduos e cultura do descarte

20. Existem formas de poluição que afetam diariamente as pessoas. Adoecem, por exemplo, por causa da inalação de elevadas quantidades de fumaça produzida pelos combustíveis utilizados para cozinhar ou aquecer-se. A isto vem juntar-se a poluição causada pelo transporte, a indústria, pelas descargas de substâncias que contribuem para a acidificação do solo e da água, pelos fertilizantes, inseticidas, fungicidas, pesticidas e agrotóxicos, em geral.

21. A terra, nossa casa, parece transformar-se cada vez mais num imenso depósito de lixo. Tanto os resíduos industriais como os produtos químicos utilizados nas cidades e nos campos podem produzir um efeito de bioacumulação no organismo. Muitas vezes só se adotam medidas quando já se produziram efeitos irreversíveis na saúde das pessoas.

22. Estes problemas estão intimamente ligados à cultura do descarte, que afeta tanto os seres humanos excluídos como as

coisas que se convertem rapidamente em lixo. O sistema industrial não desenvolveu a capacidade de absorver e reutilizar resíduos, que assegure recursos para todos e para as gerações futuras, moderando o seu consumo, maximizando a eficiência no seu aproveitamento, reutilizando-os e reciclando-os.

O clima como bem comum

23. O clima é um bem comum, um bem de todos e para todos. Nas últimas décadas, este aquecimento foi acompanhado por uma elevação constante do nível do mar. Numerosos estudos científicos indicam que a maior parte do aquecimento global das últimas décadas é devida à alta concentração de gases com efeito de estufa. Isto é particularmente agravado pelo modelo de desenvolvimento baseado no uso intensivo de combustíveis fósseis, que está no centro do sistema energético mundial.

24. Por sua vez, o aquecimento influi sobre o ciclo do carbono. Cria um ciclo vicioso que agrava ainda mais a situação e que incidirá sobre a disponibilidade de recursos essenciais como a água potável, a energia e a produção agrícola das áreas mais quentes, e provocará a extinção de parte da biodiversidade do planeta.

25. As mudanças climáticas são um problema global com graves implicações ambientais, sociais, econômicas, distributivas e políticas, constituindo atualmente um dos principais desafios para a humanidade. Muitos pobres vivem em lugares particularmente afetados por fenômenos relacionados com o aquecimento, e os seus meios de subsistência dependem fortemente das reservas naturais e dos chamados serviços do ecossistema, como a agricultura, a pesca e os recursos florestais. Em consequência, é trágico o aumento de emigrantes em fuga da miséria agravada pela degradação ambiental.

26. Muitos daqueles que detêm mais recursos e poder econômico ou político parecem concentrar-se, sobretudo, em mascarar os problemas ou ocultar os seus sintomas. Por isso, tornou-se urgente e imperioso o desenvolvimento de políticas capazes de fazer com que, nos próximos anos, a emissão de anidrido carbônico e outros gases altamente poluentes se reduza drasticamente.

2. A questão da água

27. É bem conhecida a impossibilidade de sustentar o nível atual de consumo dos países mais desenvolvidos e dos setores mais ricos da sociedade, onde o hábito de desperdiçar e jogar fora atinge níveis inauditos.

28. A água potável e limpa constitui uma questão de primordial importância, porque é indispensável para a vida humana e para sustentar os ecossistemas terrestres e aquáticos. A disponibilidade de água manteve-se relativamente constante durante muito tempo, mas agora, em muitos lugares, a procura excede a oferta sustentável, com graves consequências a curto e longo prazo.

29. Um problema particularmente sério é o da qualidade da água disponível para os pobres, que diariamente ceifa muitas vidas. Entre os pobres, são frequentes as doenças relacionadas com a água. Em muitos lugares, os lençóis freáticos estão ameaçados pela poluição produzida por algumas atividades extrativas, agrícolas e industriais.

30. Enquanto a qualidade da água disponível piora constantemente, em alguns lugares cresce a tendência para se privatizar este recurso escasso, tornando-se uma mercadoria sujeita às leis do mercado. Na realidade, o acesso à água potável e segura é um direito humano essencial, fundamental e universal,

porque determina a sobrevivência das pessoas e, portanto, é condição para o exercício dos outros direitos humanos.

31. Alguns estudos assinalaram o risco de sofrer uma aguda escassez de água dentro de poucas décadas, se não forem tomadas medidas urgentes. Os impactos ambientais poderiam afetar milhares de milhões de pessoas, sendo previsível que o controle da água por grandes empresas mundiais se transforme numa das principais fontes de conflitos deste século.

3. Perda de biodiversidade

32. A perda de florestas e bosques implica simultaneamente a perda de espécies que poderiam constituir, no futuro, recursos extremamente importantes não só para a alimentação mas também para a cura de doenças e vários serviços.

33. Anualmente, desaparecem milhares de espécies vegetais e animais, que já não poderemos conhecer, que os nossos filhos não poderão ver, perdidas para sempre. Não temos direito de fazê-lo.

34. Possivelmente nos perturba saber da extinção de um mamífero ou de uma ave; mas, para o bom funcionamento dos ecossistemas, também são necessários os fungos, as algas, os vermes, os pequenos insetos, os répteis e a variedade inumerável de microrganismos. Por exemplo, muitos pássaros e insetos, que desaparecem por causa dos agrotóxicos criados pela tecnologia, são úteis para a própria agricultura.

35. Quando se analisa o impacto ambiental de qualquer iniciativa econômica, costuma-se olhar para os seus efeitos no solo, na água e no ar, mas nem sempre se inclui um estudo cuidadoso do impacto na biodiversidade, como se a perda de algumas espécies ou de grupos animais ou vegetais fosse algo de pouca relevância.

36. O cuidado dos ecossistemas requer uma perspectiva que se estenda para além do imediato, porque, quando se busca apenas um ganho econômico rápido e fácil, já ninguém se importa realmente com a sua preservação.

37. No cuidado da biodiversidade, os especialistas insistem na necessidade de prestar uma especial atenção às áreas mais ricas em variedade de espécies, em espécies endêmicas, raras ou com menor grau de efetiva proteção.

38. Mencionemos, por exemplo, os pulmões do planeta repletos de biodiversidade que são a Amazônia e a bacia fluvial do Congo, ou os grandes lençóis freáticos e os glaciais. A importância destes lugares para o conjunto do planeta e para o futuro da humanidade não se pode ignorar. Não se pode ignorar também os enormes interesses econômicos internacionais; há "propostas de internacionalização da Amazônia que só servem aos interesses econômicos das corporações internacionais".

39. Habitualmente também não se faz objeto de adequada análise a substituição da flora silvestre por áreas florestais com árvores, que geralmente são monoculturas. É preocupante, em algumas áreas costeiras, o desaparecimento dos ecossistemas constituídos por manguezais.

40. Os oceanos contêm não só a maior parte da água do planeta, mas também a maior parte da vasta variedade dos seres vivos, muitos deles ainda desconhecidos para nós e ameaçados por diversas causas. E, no entanto, continuam a desenvolver-se modalidades seletivas de pesca, que descartam grande parte das espécies apanhadas.

41. Passando aos mares tropicais e subtropicais, encontramos os recifes de coral, que equivalem às grandes florestas da terra firme, porque abrigam cerca de um milhão de espécies, incluindo peixes, caranguejos, moluscos, esponjas, algas e

outras. Hoje, muitos dos recifes de coral no mundo já são estéreis ou encontram-se num estado contínuo de declínio.

42. Visto que todas as criaturas estão interligadas, deve ser reconhecido com carinho e admiração o valor de cada uma, e todos nós, seres criados, precisamos uns dos outros. Cada território detém uma parte de responsabilidade no cuidado desta família.

4. Deterioração da qualidade de vida humana e degradação social

43. Tendo em conta que o ser humano também é uma criatura deste mundo, que tem direito a viver e ser feliz, não podemos deixar de considerar os efeitos da degradação ambiental do modelo atual de desenvolvimento e da cultura do descarte sobre a vida das pessoas.

44. Nota-se hoje, por exemplo, o crescimento desmedido e descontrolado de muitas cidades que se tornaram pouco saudáveis para viver, devido não só à poluição proveniente de emissões tóxicas, mas também ao caos urbano, aos problemas de transporte e à poluição visual e acústica. Há bairros que, embora construídos recentemente, apresentam-se congestionados e desordenados, sem espaços verdes suficientes.

45. Em alguns lugares, rurais e urbanos, a privatização dos espaços tornou difícil o acesso dos cidadãos a áreas de especial beleza; em outros, criaram-se áreas residenciais "ecológicas" postas à disposição só de poucos.

46. Entre os componentes sociais da mudança global, incluem-se a exclusão social, a desigualdade no fornecimento e consumo da energia e de outros serviços, a fragmentação social, o aumento da violência e o aparecimento de novas formas de agressividade social, o narcotráfico e o consumo crescente de drogas entre os mais jovens, a perda de identidade.

47. A isto vêm juntar-se as dinâmicas dos *mass media* e do mundo digital, que, quando se tornam onipresentes, não favorecem o desenvolvimento da capacidade de viver com sabedoria, pensar em profundidade, amar com generosidade.

5. Desigualdade planetária

48. O ambiente humano e o ambiente natural degradam-se em conjunto; e não podemos enfrentar adequadamente a degradação ambiental se não prestarmos atenção às causas que têm a ver com a degradação humana e social.

49. Os excluídos são a maioria do planeta, mas com frequência parece que os seus problemas se colocam como um apêndice. Isto se deve, em parte, ao fato de os centros de poder estarem localizados longe deles, em áreas urbanas isoladas, sem ter contato direto com os seus problemas.

50. Em vez de resolver os problemas dos pobres e pensar num mundo diferente, alguns se limitam a propor uma redução da natalidade. Culpar o incremento demográfico em vez do consumismo exacerbado e seletivo de alguns é uma forma de não enfrentar os problemas.

51. A desigualdade não afeta apenas os indivíduos, mas países inteiros, e obriga a pensar numa ética das relações internacionais. Há uma verdadeira "dívida ecológica", particularmente entre o Norte e o Sul, ligada a desequilíbrios comerciais, com consequências no âmbito ecológico e com o uso desproporcionado dos recursos naturais feito historicamente por alguns países.

52. A dívida externa dos países pobres transformou-se num instrumento de controle, mas não se dá o mesmo com a dívida ecológica. De várias maneiras os povos em vias de desenvolvimento, onde se encontram as reservas mais importantes da

biosfera, continuam a alimentar o progresso dos países mais ricos à custa do seu presente e do seu futuro.

6. A debilidade das reações

53. Estas situações provocam os gemidos da irmã terra, que se unem aos gemidos dos abandonados do mundo, com um lamento que reclama de nós outro rumo. Nunca maltratamos e ferimos a nossa casa comum como nos últimos dois séculos.

54. Preocupa a fraqueza da reação política internacional. A submissão da política à tecnologia e à finança demonstra-se na falência das cúpulas mundiais sobre o meio ambiente.

55. Entretanto, em alguns países há progressos significativos, o desenvolvimento de controles mais eficientes e uma luta mais sincera contra a corrupção. Cresceu a sensibilidade ecológica das populações, mas é ainda insuficiente para mudar os hábitos nocivos de consumo, que não parecem diminuir; antes, expandem-se e desenvolvem-se.

56. Contudo, os poderes econômicos continuam justificando o sistema mundial atual, no qual predominam a especulação e a busca de receitas financeiras que tendem a ignorar todo o contexto e os efeitos sobre a dignidade humana e sobre o meio ambiente.

57. É previsível que, perante o esgotamento de alguns recursos, se vá criando um cenário favorável para novas guerras, disfarçadas sob nobres reivindicações. Exige-se da política uma maior atenção para prevenir e resolver as causas que podem dar origem a novos conflitos.

58. Em alguns países, há exemplos positivos de resultados na melhoria do ambiente. Estas ações não resolvem os problemas globais, mas confirmam que o ser humano ainda é capaz de intervir de forma positiva.

59. Ao mesmo tempo cresce uma ecologia superficial ou aparente que consolida certo torpor e uma alegre irresponsabilidade. Este comportamento evasivo serve-nos para mantermos os nossos estilos de vida, de produção e consumo.

7. Diversidade de opiniões

60. Num extremo, alguns defendem a todo custo o mito do progresso. No extremo oposto, outros pensam que o ser humano, com qualquer uma das suas intervenções, só pode ameaçar e comprometer o ecossistema mundial, pelo que convém reduzir a sua presença no planeta e impedir-lhe todo tipo de intervenção.

61. Sobre muitas questões concretas, a Igreja não tem o objetivo de propor uma palavra definitiva e entende que deve escutar e promover o debate honesto entre os cientistas, respeitando a diversidade de opiniões.

Capítulo II – O Evangelho da criação

62. No campo da política e do pensamento, rejeitam decididamente a ideia de um Criador ou consideram-na irrelevante. Todavia, a ciência e a religião, que fornecem diferentes abordagens da realidade, podem entrar num diálogo intenso e frutuoso para ambas.

1. A luz que a fé oferece

63. Se tivermos presente a complexidade da crise ecológica e as suas múltiplas causas, deveremos reconhecer que as soluções não podem vir de uma única maneira de interpretar e transformar a realidade. É necessário recorrer também às diversas riquezas culturais dos povos, à arte e à poesia, à vida interior e à espiritualidade.

64. Por outro lado, embora esta encíclica se abra a um diálogo com todos, para juntos buscarmos caminhos de libertação, quer mostrar como as convicções da fé oferecem aos cristãos – e, em parte, também a outros crentes – significativas motivações para cuidar da natureza e dos irmãos e irmãs mais frágeis.

2. A sabedoria das narrações bíblicas

65. Na primeira narração da Criação, no livro do Gênesis, o plano de Deus inclui a criação da humanidade. A Bíblia ensina que cada ser humano é criado por amor, feito à imagem e semelhança de Deus (cf. *Gn* 1,26). Esta afirmação mostra-nos a imensa dignidade de cada pessoa humana, que "não é somente alguma coisa, mas alguém. É capaz de se conhecer, de se possuir e de livremente se dar e entrar em comunhão com outras pessoas".

66. As narrações da Criação no livro do Gênesis sugerem que a existência humana se baseia sobre três relações fundamentais intimamente ligadas: as relações com Deus, com o próximo e com a terra. Segundo a Bíblia, estas três relações vitais romperam-se não só exteriormente, mas também dentro de nós. Esta ruptura é o pecado. A harmonia entre o Criador, a humanidade e toda a criação foi destruída por termos pretendido ocupar o lugar de Deus, recusando reconhecer-nos como criaturas limitadas. Este fato distorceu também a natureza do mandato de "dominar" a terra (cf. *Gn* 1,28) e de a "cultivar e guardar" (cf. *Gn* 2,15). Como resultado, a relação originariamente harmoniosa entre o ser humano e a natureza transformou-se num conflito (cf. *Gn* 3,17-19).

67. Não somos Deus. "Dominar" a terra não é uma interpretação correta da Bíblia. Antes significa "cultivar", que quer dizer lavrar ou trabalhar um terreno, ou "guardar", que significa

proteger, cuidar, preservar, velar. Isto implica uma relação de reciprocidade responsável entre o ser humano e a natureza.

68. Esta responsabilidade perante uma terra que é de Deus implica que o ser humano, dotado de inteligência, respeite as leis da natureza e os delicados equilíbrios entre os seres deste mundo. Na Bíblia não há lugar a um antropocentrismo despótico, que se desinteressa das outras criaturas.

69. Ao mesmo tempo que podemos fazer um uso responsável das coisas, somos chamados a reconhecer que os outros seres vivos têm um valor próprio diante de Deus. Precisamente pela sua dignidade única e por ser dotado de inteligência, o ser humano é chamado a respeitar a criação com as suas leis internas.

70. Na narração de Caim e Abel, vemos que a inveja levou Caim a cometer a injustiça extrema contra o seu irmão. Isto, por sua vez, provocou uma ruptura da relação entre Caim e Deus e entre Caim e a terra, da qual foi exilado. O descuido no compromisso de cultivar e manter um correto relacionamento com o próximo destrói o relacionamento interior comigo mesmo, com os outros, com Deus e com a terra.

71. Embora Deus reconhecesse que "a maldade dos homens era grande na terra" (*Gn* 6,5), "arrependendo-se de ter criado o homem sobre a terra" (*Gn* 6,6), ele decidiu abrir um caminho de salvação através de Noé. Assim deu à humanidade a possibilidade de um novo início. Basta um homem bom para haver esperança!

72. Os Salmos convidam, frequentemente, o ser humano a louvar a Deus criador: "Estendeu a terra sobre as águas, porque o seu amor é eterno" (*Sl* 136/135,6). Existimos não só pelo poder de Deus, mas também na sua presença e companhia. Por isso o adoramos.

73. Os escritos dos profetas convidam a recuperar forças, nos momentos difíceis, contemplando a Deus poderoso que criou o universo. Na Bíblia, o Deus que liberta e salva é o mesmo que criou o universo, e estes dois modos de agir divino estão íntima e inseparavelmente ligados.

74. A experiência do cativeiro em Babilônia gerou uma crise espiritual que levou a um aprofundamento da fé em Deus, explicitando a sua onipotência criadora, para animar o povo a recuperar a esperança no meio da sua situação infeliz.

75. Não podemos defender uma espiritualidade que esqueça Deus todo-poderoso e criador. A melhor maneira de colocar o ser humano no seu lugar e acabar com a sua pretensão de ser dominador absoluto da terra, é voltar a propor a figura de um Pai criador e único dono do mundo.

3. O mistério do universo

76. Na tradição judaico-cristã, dizer "criação" é mais do que dizer natureza, porque tem a ver com um projeto do amor de Deus, em que cada criatura tem um valor e um significado.

77. "A palavra do Senhor criou os céus" (*Sl* 33/32,6). Deste modo indica-se que o mundo não procede do caos nem do acaso, mas de uma decisão, o que o exalta ainda mais. Há uma opção livre, expressa na palavra criadora. A criação pertence à ordem do amor. Então cada criatura é objeto da ternura do Pai que lhe atribui um lugar no mundo.

78. Ao mesmo tempo, o pensamento judaico-cristão desmitificou a natureza. Sem deixar de a admirar pelo seu esplendor e imensidão, já não lhe atribui um carácter divino. Desse modo, ressalta ainda mais o nosso compromisso para com ela. Um mundo frágil, com um ser humano a quem Deus confia o cuidado do mesmo, interpela a nossa inteligência para

reconhecer como deveremos orientar, cultivar e limitar o nosso poder.

79. Neste universo, composto de sistemas abertos que entram em comunicação uns com os outros, podemos descobrir inumeráveis formas de relação e participação. Isto nos leva também a pensar o todo como aberto à transcendência de Deus, dentro da qual se desenvolve.

80. Deus, que deseja atuar conosco e contar com a nossa cooperação, é capaz também de tirar algo de bom dos males que praticamos. De certa maneira, quis limitar-se a si mesmo, criando um mundo necessitado de desenvolvimento, o que nos estimula a colaborar com o Criador.

81. Embora suponha também processos evolutivos, o ser humano implica uma novidade que não se explica cabalmente pela evolução de outros sistemas abertos. Cada um de nós tem em si uma identidade pessoal, capaz de entrar em diálogo com os outros e com o próprio Deus. A partir dos textos bíblicos, consideramos o ser humano como sujeito, que nunca pode ser reduzido à categoria de objeto.

82. Mas seria errado também pensar que os outros seres vivos devam ser considerados como meros objetos submetidos ao domínio arbitrário do ser humano. Quando se propõe uma visão da natureza unicamente como objeto de lucro e interesse, isso comporta graves consequências também para a sociedade.

83. A meta do universo situa-se na plenitude de Deus, que já foi alcançada por Cristo ressuscitado. É mais um argumento para rejeitar todo e qualquer domínio despótico e irresponsável do ser humano sobre as outras criaturas. O fim último das restantes criaturas não somos nós. Todas avançam, juntamente conosco e através de nós, para a meta comum, que é Deus, numa plenitude transcendente em que Cristo ressuscitado tudo abraça e ilumina.

4. A mensagem de cada criatura na harmonia de toda a Criação

84. O fato de insistir na afirmação de que o ser humano é imagem de Deus não deveria fazer-nos esquecer de que cada criatura tem uma função e nenhuma é supérflua. Todo o universo material é uma linguagem do amor de Deus.

85. Deus escreveu um livro estupendo, "cujas letras são representadas pela multidão de criaturas presentes no universo". Podemos afirmar que, "ao lado da revelação propriamente dita, contida nas Sagradas Escrituras, há uma manifestação divina no despontar do sol e no cair da noite".

86. O conjunto do universo, com as suas múltiplas relações, mostra melhor a riqueza inesgotável de Deus. Por isso, precisamos individualizar a variedade das coisas nas suas múltiplas relações. Compreende-se melhor a importância e o significado de qualquer criatura se a contemplarmos no conjunto do plano de Deus.

87. Quando nos damos conta do reflexo de Deus em tudo o que existe, o coração experimenta o desejo de adorar o Senhor por todas as suas criaturas e juntamente com elas, como se vê no gracioso cântico de São Francisco de Assis.

88. Os bispos do Brasil sublinharam que toda a natureza, além de manifestar Deus, é lugar da sua presença. Em cada criatura, habita o seu Espírito vivificante, que nos chama a um relacionamento com Ele.

5. Uma comunhão universal

89. As criaturas deste mundo não podem ser consideradas um bem sem dono: "Todas são tuas, ó Senhor, que amas a vida" (*Sb* 11,26). Isto gera a convicção de que nós e todos os seres do universo, sendo criados pelo mesmo Pai, estamos unidos por laços invisíveis e formamos uma espécie de família universal,

uma comunhão sublime que nos impele a um respeito sagrado, amoroso e humilde.

90. Isto não significa igualar todos os seres vivos e tirar do ser humano seu valor peculiar que, simultaneamente, implica uma tremenda responsabilidade. Também não requer uma divinização da terra, que nos privaria da nossa vocação de colaborar com ela e proteger a sua fragilidade.

91. Não pode ser autêntico um sentimento de união íntima com os outros seres da natureza se ao mesmo tempo não houver no coração ternura, compaixão e preocupação pelos seres humanos. É evidente a incoerência de quem luta contra o tráfico de animais em risco de extinção, mas fica completamente indiferente perante o tráfico de pessoas.

92. Quando o coração está verdadeiramente aberto a uma comunhão universal, nada e ninguém fica excluído desta fraternidade. Portanto, é verdade também que a indiferença ou a crueldade com as outras criaturas deste mundo sempre acabam de alguma forma por repercutir-se no tratamento que reservamos aos outros seres humanos.

6. O destino comum dos bens

93. Hoje, crentes e não crentes estão de acordo que a terra é, essencialmente, uma herança comum, cujos frutos devem beneficiar a todos. Por conseguinte, toda a abordagem ecológica deve integrar uma perspectiva social que tenha em conta os direitos fundamentais dos mais desfavorecidos. O princípio da subordinação da propriedade privada ao destino universal dos bens é uma "regra de ouro" do comportamento social. A tradição cristã nunca reconheceu como absoluto ou intocável o direito à propriedade privada, e salientou a função social de qualquer forma de propriedade privada.

94. O rico e o pobre têm igual dignidade, porque "quem os fez a ambos foi o Senhor" (*Pr* 22,2); "Ele criou o pequeno e o grande" (*Sb* 6,7) e "faz com que o sol se levante sobre os bons e os maus" (*Mt* 5,45).

95. O meio ambiente é um bem coletivo, patrimônio de toda a humanidade e responsabilidade de todos. Quem possui uma parte é apenas para a administrar em benefício de todos.

7. O olhar de Jesus

96. Jesus convidava seus discípulos a reconhecer a relação paterna que Deus tem com todas as criaturas e recordava-lhes, com comovente ternura, como cada uma delas era importante aos olhos d'Ele: "Olhai as aves do céu: não semeiam nem ceifam nem recolhem em celeiros; e o vosso Pai Celeste alimenta-as" (*Mt* 6,26).

97. O Senhor podia convidar os outros a estar atentos à beleza que existe no mundo, porque ele próprio vivia em contato permanente com a natureza e prestava-lhe uma atenção cheia de carinho e admiração.

98. Jesus vivia em plena harmonia com a Criação, com grande maravilha dos outros: "Quem é este, a quem até o vento e o mar obedecem?" (*Mt* 8,27). Não se apresentava como um asceta separado do mundo ou inimigo das coisas aprazíveis da vida.

99. Segundo a compreensão cristã da realidade, o destino da criação inteira passa pelo mistério de Cristo, que nela está presente desde a origem: "Todas as coisas foram criadas por ele e para ele" (*Cl* 1,16).

100. Por outro lado, o Novo Testamento não nos fala só de Jesus terreno e da sua relação tão concreta e amorosa com o mundo; nos mostra também como ressuscitado e glorioso,

presente em toda a criação com o seu domínio universal. Assim, as criaturas deste mundo já não nos aparecem como uma realidade meramente natural, porque o Ressuscitado as envolve misteriosamente e guia para um destino de plenitude.

Capítulo III – A raiz humana da crise ecológica

101. Para nada serviria descrever os sintomas se não reconhecêssemos a raiz humana da crise ecológica. Há um modo desordenado de conceber a vida e a ação do ser humano que contradiz a realidade até ao ponto de arruiná-la.

1. A tecnologia: criatividade e poder

102. A humanidade entrou numa nova era, em que o poder da tecnologia nos põe diante de uma encruzilhada. Somos herdeiros de dois séculos de ondas enormes de mudanças: a máquina a vapor, a ferrovia, o telégrafo, a eletricidade, o automóvel, o avião, as indústrias químicas, a medicina moderna, a informática e, mais recentemente, a revolução digital, a robótica, as biotecnologias e as nanotecnologias.

103. A tecnociência, bem orientada, pode produzir coisas realmente valiosas para melhorar a qualidade de vida do ser humano, desde os objetos de uso doméstico, até aos grandes meios de transporte, pontes, edifícios, espaços públicos.

104. Não podemos, porém, ignorar que a energia nuclear, a biotecnologia, a informática, o conhecimento do nosso próprio DNA e outras potencialidades que adquirimos dão um poder tremendo àqueles que detêm o conhecimento e, sobretudo, o poder econômico para desfrutá-lo; um domínio impressionante sobre o conjunto do gênero humano e do mundo inteiro.

105. Tende-se a crer que "toda a aquisição de poder seja simplesmente progresso, aumento de segurança, de utilidade, de

bem-estar, de força vital, de plenitude de valores", como se a realidade, o bem e a verdade desabrochassem espontaneamente do próprio poder da tecnologia e da economia. A liberdade adoece, quando entregue às forças cegas do inconsciente, das necessidades imediatas, do egoísmo, da violência brutal.

2. A globalização do paradigma tecnocrático

106. O problema fundamental é o modo como a humanidade assumiu a tecnologia e o seu desenvolvimento *juntamente com um paradigma homogêneo e unidimensional*. Neste paradigma, sobressai uma concepção do sujeito como se ele tivesse à sua frente a realidade informe totalmente disponível para a manipulação. Daqui se passa facilmente à ideia de um crescimento infinito ou ilimitado. Isto supõe a mentira da disponibilidade infinita dos bens do planeta.

107. Os efeitos da aplicação deste modelo a toda a realidade, humana e social, constatam-se na degradação do meio ambiente, mas que afeta a vida humana e a sociedade em todas as suas dimensões. É preciso reconhecer que os produtos da técnica não são neutros, porque criam uma trama que acaba por favorecer interesses de determinados grupos de poder.

108. Não se consegue pensar que seja possível sustentar outro paradigma cultural e servir-se da técnica como mero instrumento. Tornou-se anticultural a escolha de um estilo de vida independente da técnica, dos seus custos e do seu poder globalizante e massificador.

109. O paradigma tecnocrático tende a exercer o seu domínio também sobre a economia e a política. A economia assume todo o desenvolvimento tecnológico em função do lucro. A finança sufoca a economia real, mas o mercado, por si mesmo, não garante o desenvolvimento humano integral nem a inclusão social.

110. A especialização própria da tecnologia comporta grande dificuldade para se conseguir um olhar de conjunto. Por isso também não se consegue reconhecer verdadeiros horizontes éticos de referência. A vida passa a ser uma rendição às circunstâncias condicionadas pela técnica, entendida como o recurso principal para interpretar a existência.

111. A cultura ecológica não pode ser reduzida a uma série de respostas urgentes e parciais para os problemas que vão surgindo à volta da degradação ambiental, do esgotamento das reservas naturais e da poluição. Deveria ser um olhar diferente, um pensamento, uma política, um programa educativo, um estilo de vida e uma espiritualidade que resistam ao avanço do paradigma tecnocrático.

112. Todavia, é possível voltar a ampliar o olhar, e a liberdade humana é capaz de limitar a técnica, orientá-la e colocá-la a serviço de outro tipo de progresso, mais saudável, mais humano, mais social, mais integral.

113. Entretanto, as pessoas parecem já não acreditar num futuro feliz nem confiam cegamente num amanhã melhor a partir das condições atuais do mundo e das capacidades técnicas. Tomam consciência de que o progresso da ciência e da técnica não equivale ao progresso da humanidade e da história, e vislumbram que os caminhos fundamentais para um futuro feliz são outros.

114. O que está acontecendo põe-nos perante a urgência de avançar numa corajosa revolução cultural. A ciência e a tecnologia não são neutras, mas podem ter outras possibilidades.

3. Crise do antropocentrismo moderno e suas consequências

115. O antropocentrismo moderno acabou, paradoxalmente, por colocar a razão técnica acima da realidade. Assim se

debilita o valor intrínseco do mundo. Mas, se o ser humano não redescobre o seu verdadeiro lugar, compreende mal a si mesmo e acaba por contradizer a própria realidade.

116. Nos tempos modernos, verificou-se um notável excesso antropocêntrico, que hoje, com outra roupagem, continua a minar toda a referência a algo comum e qualquer tentativa de reforçar os laços sociais. Uma apresentação inadequada da antropologia cristã acabou promovendo uma concepção errada da relação do ser humano com o mundo.

117. A falta de preocupação por medir os danos à natureza e o impacto ambiental das decisões é apenas o reflexo evidente do desinteresse em reconhecer a mensagem que a natureza traz inscrita em suas próprias estruturas. Quando, na própria realidade, não se reconhece a importância de um pobre, de um embrião humano ou de uma pessoa com deficiência, dificilmente se saberá escutar os gritos da própria natureza. Tudo está interligado.

118. Esta situação leva-nos a uma esquizofrenia, que não reconhece aos outros seres um valor próprio, assim como a negar o valor peculiar do ser humano. Contudo, não haverá uma nova relação com a natureza sem um ser humano novo. Não há ecologia sem uma adequada antropologia. Um antropocentrismo desordenado não deve necessariamente ser substituído por um "biocentrismo".

119. A crítica do antropocentrismo desordenado não deveria deixar em segundo plano também o valor das relações entre as pessoas. Não podemos iludir-nos de sanar a nossa relação com a natureza e o meio ambiente sem curar todas as relações humanas fundamentais. O pensamento cristão reivindica um valor peculiar do ser humano acima das outras criaturas, a abertura a um "tu" capaz de conhecer, amar e dialogar continua a ser a grande nobreza da pessoa humana.

120. Uma vez que tudo está relacionado, também não é compatível a defesa da natureza com a justificação do aborto: "Se se perde a sensibilidade pessoal e social ao acolhimento de uma nova vida, definham também outras formas de acolhimento úteis à vida social".

121. Espera-se ainda o desenvolvimento de uma nova síntese, que ultrapasse as falsas dialéticas dos últimos séculos.

O relativismo prático

122. Um antropocentrismo desordenado gera um estilo de vida desordenado. Quando o ser humano se coloca no centro, acaba por dar prioridade absoluta aos seus interesses contingentes, e tudo o mais se torna relativo.

123. A cultura do relativismo é a mesma patologia que impele uma pessoa a aproveitar-se de outra e a tratá-la como mero objeto. Portanto, não podemos pensar que os programas políticos ou a força da lei sejam suficientes para evitar os comportamentos que afetam o meio ambiente. Há um problema cultural de fundo, que leva à exploração do outro.

A necessidade de defender o trabalho

124. Em qualquer abordagem de ecologia integral que não exclua o ser humano é indispensável incluir o valor do trabalho. Recordemos que, segundo a narração bíblica da Criação, Deus colocou o ser humano no jardim recém-criado (cf. *Gn* 2,15), não só para cuidar do existente (guardar), mas também para trabalhar nele, a fim de que produzisse frutos (cultivar).

125. Se procurarmos pensar quais as relações mais adequadas do ser humano com o mundo que o rodeia, surge a necessidade de uma concepção correta do trabalho.

126. Na longa tradição monástica, nos primórdios, esta favorecia de certo modo a fuga do mundo, procurando afastar-se

da decadência urbana. Mais tarde, São Bento de Núrsia quis que os seus monges vivessem em comunidade, unindo oração e estudo com o trabalho manual ("*Ora et labora*"). Esta introdução do trabalho manual impregnada de sentido espiritual revelou-se revolucionária.

127. O trabalho deveria ser o âmbito deste multiforme desenvolvimento pessoal, em que estão em jogo muitas dimensões da vida: a criatividade, a projeção do futuro, o desenvolvimento das capacidades, a exercitação dos valores, a comunicação com os outros, uma atitude de adoração. Por isso, a realidade social do mundo atual exige que se continue a perseguir como *prioritário o objetivo do acesso ao trabalho* para todos.

128. Somos chamados ao trabalho desde a nossa criação. Não se deve procurar que o progresso tecnológico substitua cada vez mais o trabalho humano. O trabalho é uma necessidade, faz parte do sentido da vida nesta terra, é caminho de maturação, desenvolvimento humano e realização pessoal. Neste sentido, ajudar os pobres com o dinheiro deve ser sempre um remédio provisório para enfrentar emergências. O verdadeiro objetivo deveria ser sempre consentir-lhes uma vida digna através do trabalho.

129. Para se conseguir continuar a dar emprego, é indispensável promover uma economia que favoreça a diversificação produtiva e a criatividade empresarial. As autoridades têm o dever e a responsabilidade de adotar medidas de apoio claro e firme aos pequenos produtores e à diversificação da produção.

A inovação biológica a partir da pesquisa

130. Na visão filosófica e teológica do ser humano e da criação apresentada, aparece claro que a pessoa humana, com a peculiaridade da sua razão e da sua sabedoria, não é um fator externo que deva ser totalmente excluído.

131. Não é possível frear a criatividade humana. Ao mesmo tempo, não se pode deixar de considerar os objetivos, os efeitos, o contexto e os limites éticos de tal atividade humana, que é uma forma de poder com grandes riscos.

132. Neste quadro, deveria situar-se toda e qualquer reflexão acerca da intervenção humana sobre o mundo vegetal e animal que implique hoje mutações genéticas geradas pela biotecnologia.

133. É difícil emitir um juízo geral sobre o desenvolvimento de organismos modificados geneticamente (OMG). Na realidade, muitas vezes as mutações genéticas foram e continuam a ser produzidas pela própria natureza. Mas, na natureza, estes processos têm um ritmo lento, que não se compara com a velocidade imposta pelos avanços tecnológicos atuais.

134. Embora não disponhamos de provas definitivas acerca do dano que poderiam causar os cereais transgênicos aos seres humanos, há dificuldades importantes que não devem ser minimizadas. A expansão destas culturas destrói a complexa trama dos ecossistemas, diminui a diversidade na produção e afeta o presente ou o futuro das economias regionais. Em vários países, nota-se uma tendência para o desenvolvimento de oligopólios na produção de sementes.

135. Sem dúvida, há necessidade de uma atenção constante, que leve em consideração todos os aspectos éticos implicados. Às vezes não se coloca sobre a mesa a informação completa, mas é selecionada de acordo com os próprios interesses, sejam eles políticos, econômicos ou ideológicos.

136. Além disso, é preocupante constatar que alguns movimentos ecologistas defendem a integridade do meio ambiente e, com razão, reclamam a imposição de determinados limites à pesquisa científica, mas não aplicam estes mesmos princípios à vida humana.

Capítulo IV – Uma ecologia integral

137. Dado que tudo está intimamente relacionado e que os problemas atuais requerem um olhar que tenha em conta todos os aspectos da crise mundial, nos detenhamos agora sobre os diferentes elementos de uma *ecologia integral*, que inclua claramente as dimensões humanas e sociais.

1. Ecologia ambiental, econômica e social

138. A ecologia estuda as relações entre os organismos vivos e o meio ambiente onde se desenvolvem. E isto exige pensar e discutir acerca das condições de vida e de sobrevivência de uma sociedade, com a honestidade de pôr em questão modelos de desenvolvimento, produção e consumo. Nunca é demais insistir que tudo está interligado.

139. Quando falamos de "meio ambiente", fazemos referência à relação entre a natureza e a sociedade que a habita. Isto nos impede de considerar a natureza como algo separado de nós. Estamos incluídos nela, somos parte dela e compenetramo-nos. Não há duas crises separadas: uma ambiental e outra social; mas uma única e complexa crise socioambiental.

140. Assim como cada organismo é bom e admirável em si mesmo pelo fato de ser uma criatura de Deus, o mesmo se pode dizer do conjunto harmônico de organismos num determinado espaço, funcionando como um sistema. Embora não tenhamos consciência disso, dependemos desse conjunto para a nossa própria existência.

141. O crescimento econômico, por exemplo, tende a gerar automatismos e a homogeneizar, a fim de simplificar os processos e reduzir os custos. Por isso, é necessária uma *ecologia econômica*, capaz de induzir a considerar a realidade de forma mais ampla. Hoje, a análise dos problemas ambientais

é inseparável da análise dos contextos humanos, familiares, laborais, urbanos, e da relação de cada pessoa consigo mesma, que gera um modo específico de se relacionar com os outros e com o meio ambiente.

142. Como tudo está relacionado, também o estado de saúde das instituições de uma sociedade tem consequências no ambiente e na qualidade de vida humana. Neste sentido, a *ecologia social* é necessariamente institucional e progressivamente alcança as diferentes dimensões, que vão desde o grupo social primário, a família, até à vida internacional, passando pela comunidade local e a nação. Além disso, o que acontece numa região influi, direta ou indiretamente, nas outras regiões.

2. Ecologia cultural

143. A par do patrimônio natural, encontra-se igualmente ameaçado um patrimônio histórico, artístico e cultural. Ele faz parte da identidade comum de um lugar, servindo de base para construir uma cidade habitável. Nela é preciso integrar a história, a cultura e a arquitetura de um lugar, salvaguardando sua identidade original.

144. É preciso assumir a perspectiva dos direitos dos povos e das culturas, dando assim provas de compreender que o desenvolvimento de um grupo social supõe um processo histórico no âmbito de um contexto cultural e requer, constantemente, o protagonismo dos atores sociais locais *a partir da sua própria cultura*.

145. O desaparecimento de uma cultura pode ser tanto ou mais grave do que o desaparecimento de uma espécie animal ou vegetal. A imposição de um estilo hegemônico de vida ligado a um modo de produção pode ser tão nociva como a alteração dos ecossistemas.

146. Neste sentido, é indispensável prestar atenção especial às comunidades aborígenes com as suas tradições culturais. Não são apenas uma minoria entre outras, mas devem tornar-se os principais interlocutores, especialmente quando se avança com grandes projetos que afetam os seus espaços. Eles, quando permanecem nos seus territórios, são quem melhor cuida deles.

3. Ecologia da vida cotidiana

147. Para poder falar de autêntico progresso, será preciso verificar que se produza uma melhoria global na qualidade de vida humana; isto implica analisar o espaço onde as pessoas transcorrem a sua existência. Os ambientes onde vivemos influem sobre a nossa maneira de ver a vida, sentir e agir.

148. É louvável a ecologia humana que os pobres conseguem desenvolver, no meio de tantas limitações. A sensação de sufocamento, produzida pelos aglomerados residenciais e pelos espaços com alta densidade populacional, é contrastada se se desenvolvem calorosas relações humanas de vizinhança.

149. Inversamente está provado que a penúria extrema vivida em alguns ambientes privados de harmonia, magnanimidade e possibilidade de integração facilita o aparecimento de comportamentos desumanos e a manipulação das pessoas por organizações criminosas. Para os habitantes de bairros periféricos muito precários, a experiência diária de passar da superlotação ao anonimato social, que se vive nas grandes cidades, pode provocar uma sensação de desenraizamento que favorece comportamentos antissociais e a violência.

150. Dada a relação entre os espaços urbanizados e o comportamento humano, aqueles que projetam edifícios, bairros, espaços públicos e cidades precisam da contribuição dos vários saberes, que permitem compreender os processos, o simbolismo e os comportamentos das pessoas.

151. É preciso cuidar dos espaços comuns, dos marcos visuais e das estruturas urbanas que melhoram o nosso sentido de pertença, a nossa sensação de enraizamento, o nosso sentimento de "estar em casa" dentro da cidade que nos envolve e une.

152. A falta de habitação é grave em muitas partes do mundo, tanto nas áreas rurais como nas grandes cidades. A propriedade da casa tem muita importância para a dignidade das pessoas e o desenvolvimento das famílias. Trata-se de uma questão central da ecologia humana.

153. Nas cidades, a qualidade de vida está largamente relacionada com os transportes, que muitas vezes são causa de grandes tribulações para os habitantes. Nelas, o tráfego torna-se intenso, eleva-se o nível de poluição, consomem-se enormes quantidades de energia não renovável. Muitos especialistas estão de acordo sobre a necessidade de dar prioridade ao transporte público.

154. Isto não deveria levar a esquecer o estado de abandono e desleixo que sofrem também alguns habitantes das áreas rurais, onde não chegam os serviços essenciais e há trabalhadores reduzidos a situações de escravidão, sem direitos nem expectativas de uma vida mais dignificante.

155. Nesta linha, é preciso reconhecer que o nosso corpo nos põe em relação direta com o meio ambiente e com os outros seres vivos. Também é necessário ter apreço pelo próprio corpo na sua feminilidade ou masculinidade, para se poder reconhecer a si mesmo no encontro com o outro que é diferente.

4. O princípio do bem comum

156. A ecologia humana é inseparável da noção de bem comum, princípio este que desempenha papel central e unificador na ética social.

157. O bem comum pressupõe o respeito pela pessoa humana enquanto tal, com direitos fundamentais e inalienáveis orientados para o seu desenvolvimento integral. Entre tais grupos, destaca-se de forma especial a família enquanto célula basilar da sociedade. Além disso, o bem comum requer a paz social, isto é, a estabilidade e a segurança de uma certa ordem, que não se realiza sem uma atenção particular à justiça distributiva, cuja violação gera sempre violência.

158. Nas condições atuais da sociedade mundial, onde há tantas desigualdades e são cada vez mais numerosas as pessoas descartadas, privadas dos direitos humanos fundamentais, o princípio do bem comum torna-se um apelo à solidariedade e uma opção preferencial pelos mais pobres. Basta observar a realidade para compreender que, hoje, esta opção é uma exigência ética fundamental para a efetiva realização do bem comum.

5. A justiça intergeracional

159. A noção de bem comum engloba também as gerações futuras. Já não se pode falar de desenvolvimento sustentável sem uma solidariedade intergeracional. Quando pensamos na situação em que se deixa o planeta às gerações futuras, entramos em outra lógica: a do dom gratuito, que recebemos e comunicamos.

160. Que tipo de mundo queremos deixar para quem vai nos suceder? Somos nós os primeiros responsáveis por deixar um planeta habitável para a humanidade que nos vai suceder.

161. As previsões catastróficas já não podem ser olhadas com desprezo e ironia. Às próximas gerações, poderíamos deixar demasiadas ruínas, desertos e lixo. O ritmo de consumo, desperdício e alteração do meio ambiente superou de tal

maneira as possibilidades do planeta que o estilo de vida atual – por ser insustentável – só pode desembocar em catástrofes.

162. A dificuldade em levar a sério este desafio tem a ver com a deterioração ética e cultural, que acompanha a deterioração ecológica. Muitas vezes há um consumo excessivo e míope dos pais que prejudica os próprios filhos. É preciso alargar o horizonte das nossas preocupações e pensar naqueles que permanecem excluídos do desenvolvimento.

Capítulo V – Algumas linhas de orientação e ação

163. Depois de examinar a situação atual da humanidade e as causas humanas da degradação ambiental, vamos agora apresentar algumas linhas de ação, que nos ajudem a sair da espiral de autodestruição, na qual estamos inseridos.

1. O diálogo sobre o meio ambiente na política internacional

164. Desde meados do século passado e superando muitas dificuldades, foi-se consolidando a tendência de conceber o planeta como pátria e a humanidade como povo que habita uma casa comum. A interdependência obriga-nos a pensar *num único mundo, num projeto comum*. Para enfrentar os problemas de fundo, que não se podem resolver com ações de países isolados, torna-se indispensável um consenso mundial.

165. Sabemos que a tecnologia baseada nos combustíveis fósseis – altamente poluentes, sobretudo o carvão, mas também o petróleo e, em menor medida, o gás – deve ser, progressivamente e sem demora, substituída. A política e a indústria reagem com lentidão, longe de estar à altura dos desafios mundiais.

166. O movimento ecológico mundial já percorreu um longo caminho, enriquecido pelo esforço de muitas organizações da

sociedade civil. Apesar disso, as cúpulas mundiais sobre o meio ambiente dos últimos anos não corresponderam às expectativas, porque não alcançaram, por falta de decisão política, acordos ambientais globais realmente significativos e eficazes.

167. Dentre elas, há que recordar a Cúpula da Terra, celebrada em 1992 no Rio de Janeiro. Retomando alguns conteúdos da Declaração de Estocolmo (1972), sancionou, entre outras coisas, a cooperação internacional no cuidado do ecossistema de toda a terra. Propôs estabilizar as concentrações de gases com efeito de estufa na atmosfera para inverter a tendência do aquecimento global. Entretanto, os acordos tiveram um baixo nível de implementação, porque não se estabeleceram adequados mecanismos de controle, revisão periódica e sanção das violações.

168. Como experiências positivas, pode-se mencionar, por exemplo, a Convenção de Basileia sobre os resíduos perigosos e também a Convenção vinculante sobre o comércio internacional das espécies da fauna e da flora selvagens ameaçadas de extinção. Graças à Convenção de Viena para a proteção da camada de ozônio e a respectiva implementação através do Protocolo de Montreal e as suas emendas, o problema da diminuição da referida camada parece ter entrado numa fase de solução.

169. No cuidado da biodiversidade e no controle à desertificação, os avanços foram muito menos significativos. Relativamente às mudanças climáticas, os progressos são, infelizmente, muito escassos. A redução de gases com efeito de estufa requer honestidade, coragem e responsabilidade, sobretudo dos países mais poderosos e mais poluentes. A Conferência das Nações Unidas sobre o Desenvolvimento Sustentável, chamada Rio+20 (Rio de Janeiro, 2012), emitiu uma Declaração Final extensa, mas ineficaz.

170. Algumas das estratégias para a baixa emissão de gases poluentes apostam na internacionalização dos custos ambientais,

com o perigo de impor aos países de menores recursos pesados compromissos de redução de emissões comparáveis aos dos países mais industrializados. A imposição destas medidas penaliza os países mais necessitados de desenvolvimento.

171. A estratégia de compra-venda de "créditos de emissão" pode levar a uma nova forma de especulação, que não ajudaria a reduzir a emissão global de gases poluentes.

172. Para os países pobres, as prioridades devem ser a erradicação da miséria e o desenvolvimento social dos seus habitantes.

173. Urgem acordos internacionais que se cumpram, dada a escassa capacidade das instâncias locais para intervirem de maneira eficaz. As relações entre os Estados devem salvaguardar a soberania de cada um, mas também estabelecer caminhos consensuais para evitar catástrofes locais que acabariam por danificar a todos.

174. O problema crescente dos resíduos marinhos e da proteção das áreas marinhas para além das fronteiras nacionais continua representando um desafio especial. Em definitivo, precisamos de um acordo sobre os regimes de governança para toda a gama dos chamados bens comuns globais.

175. A lógica que dificulta a tomada de decisões drásticas para inverter a tendência ao aquecimento global é a mesma que não permite cumprir o objetivo de erradicar a pobreza. Precisamos de uma reação global mais responsável, que implique enfrentar, contemporaneamente, a redução da poluição e o desenvolvimento dos países e regiões pobres.

2. O diálogo para novas políticas nacionais e locais

176. As questões relacionadas com o meio ambiente e o desenvolvimento econômico já não se pode olhar apenas a partir

das diferenças entre os países, mas exigem que se preste atenção às políticas nacionais e locais.

177. Perante a possibilidade de uma utilização irresponsável das capacidades humanas, são funções inadiáveis de cada Estado planejar, coordenar, vigiar e sancionar dentro do respectivo território.

178. O drama de uma política focalizada nos resultados imediatos, apoiada também por populações consumistas, torna necessário produzir crescimento a curto prazo. Respondendo a interesses eleitorais, os governos não se aventuram facilmente a irritar a população com medidas que possam afetar o nível de consumo ou pôr em risco investimentos estrangeiros.

179. Em alguns lugares, estão se desenvolvendo cooperativas para a exploração de energias renováveis, que consentem o autoabastecimento local e até mesmo a venda da produção em excesso. Estes valores têm um enraizamento muito profundo nas populações aborígenes. Dado que o direito por vezes se mostra insuficiente devido à corrupção, requer-se uma decisão política sob pressão da população. A sociedade, através de organismos não governamentais e associações intermédias, deve forçar os governos a desenvolver normativas, procedimentos e controles mais rigorosos.

180. Isto implica favorecer modalidades de produção industrial com a máxima eficiência energética e menor utilização de matérias-primas, retirando do mercado os produtos pouco eficazes do ponto de vista energético ou mais poluentes. Podemos mencionar também uma boa gestão dos transportes ou técnicas de construção e restruturação de edifícios que reduzam o seu consumo energético e o seu nível de poluição.

181. Indispensável é a continuidade, porque não se podem modificar as políticas relativas às alterações climáticas

e à proteção ambiental todas as vezes que muda um governo. Por isso, sem a pressão da população e das instituições, haverá sempre relutância a intervir, e mais ainda quando houver urgências a resolver.

3. Diálogo e transparência nos processos decisórios

182. A previsão do impacto ambiental dos empreendimentos e projetos requer processos políticos transparentes e sujeitos a diálogo, enquanto a corrupção, que esconde o verdadeiro impacto ambiental de um projeto em troca de favores, frequentemente leva a acordos ambíguos que fogem ao dever de informar e a um debate profundo.

183. Um estudo de impacto ambiental não deveria ser posterior à elaboração de um projeto produtivo ou de qualquer política, plano ou programa. Deve aparecer unido à análise das condições de trabalho e dos possíveis efeitos na saúde física e mental das pessoas, na economia local, na segurança. É sempre necessário alcançar consenso entre os vários atores sociais, que podem trazer diferentes perspectivas, soluções e alternativas.

184. Quando surgem eventuais riscos para o meio ambiente que afetam o bem comum presente e futuro, esta situação exige "que as decisões sejam baseadas num confronto entre riscos e benefícios previsíveis para cada opção alternativa possível". Isto vale, sobretudo, quando um projeto pode causar um incremento na exploração dos recursos naturais, nas emissões ou descargas, na produção de resíduos, ou então uma mudança significativa na paisagem, no hábitat de espécies protegidas ou num espaço público.

185. Em qualquer discussão sobre um empreendimento, dever-se-ia pôr uma série de perguntas, para poder discernir se o mesmo levará a um desenvolvimento verdadeiramente integral.

186. Na Declaração do Rio, de 1992, afirma-se que, "quando existem ameaças de danos graves ou irreversíveis, a falta de certezas científicas absolutas não poderá constituir um motivo para adiar a adoção de medidas eficazes" que impeçam a degradação do meio ambiente. Este princípio de precaução permite a proteção dos mais fracos, que dispõem de poucos meios para se defender e fornecer provas irrefutáveis.

187. Isto não significa opor-se a toda e qualquer inovação tecnológica que permita melhorar a qualidade de vida de uma população. O fato é que o lucro não pode ser o único critério a ser levado em conta.

188. Há discussões sobre problemas relativos ao meio ambiente, em que é difícil chegar a um consenso. A solução é um debate honesto e transparente, para que as necessidades particulares ou as ideologias não lesem o bem comum.

4. Política e economia em diálogo para a plenitude humana

189. A política não deve submeter-se à economia, e esta não deve submeter-se aos ditames e ao paradigma eficientista da tecnocracia. Pensando no bem comum, hoje precisamos imperiosamente que a política e a economia, em diálogo, se coloquem decididamente a serviço da vida, especialmente da vida humana. A salvação dos bancos a todo o custo, fazendo pagar o preço à população, sem a firme decisão de rever e reformar o sistema inteiro, reafirma um domínio absoluto das finanças.

190. Neste contexto, sempre se deve recordar que "a proteção ambiental não pode ser assegurada somente com base no cálculo financeiro de custos e benefícios. O ambiente é um dos bens que os mecanismos de mercado não estão aptos a defender ou a promover adequadamente". É preciso evitar uma concepção mágica do mercado, que tende a pensar que os problemas

se resolvem apenas com o crescimento dos lucros das empresas ou dos indivíduos.

191. Quando se colocam estas questões, alguns reagem acusando os outros de pretender parar irracionalmente o progresso e o desenvolvimento humano. Os esforços para um uso sustentável dos recursos naturais não são gastos inúteis, mas um investimento que poderá proporcionar outros benefícios econômicos a médio prazo.

192. Um processo de desenvolvimento produtivo, mais criativo e mais bem orientado poderia corrigir a disparidade entre o excessivo investimento tecnológico no consumo e o escasso investimento para resolver os problemas urgentes da humanidade; poderia gerar formas inteligentes e rentáveis de reutilização, recuperação funcional e reciclagem; poderia melhorar a eficiência energética das cidades...

193. Assim, se em alguns casos o desenvolvimento sustentável implicará novas modalidades para crescer, em outros casos, devemos pensar também em diminuir um pouco o ritmo ou mesmo retroceder. Sabemos que é insustentável o comportamento daqueles que consomem e destroem cada vez mais, enquanto outros ainda não podem viver de acordo com a sua dignidade humana.

194. Para que apareçam novos modelos de progresso, precisamos "mudar o modelo de desenvolvimento global". Não é suficiente conciliar, a meio termo, o cuidado da natureza com o ganho financeiro, ou a preservação do meio ambiente com o progresso. Um desenvolvimento tecnológico e econômico que não deixa um mundo melhor e uma qualidade de vida integralmente superior, não se pode considerar progresso.

195. O princípio da maximização do lucro é uma distorção conceitual da economia: desde que aumente a produção, pouco

interessa que isso se consiga à custa dos recursos futuros ou da saúde do meio ambiente.

196. Qual é o lugar da política? Não se pode justificar uma economia sem política, porque seria incapaz de promover outra lógica para governar os vários aspectos da crise atual.

197. Precisamos de uma política que pense com visão ampla e leve adiante uma reformulação integral, abrangendo num diálogo interdisciplinar os vários aspectos da crise. Muitas vezes, a própria política é responsável pelo seu descrédito, devido à corrupção e à falta de boas políticas públicas.

198. A política e a economia tendem a culpar-se reciprocamente a respeito da pobreza e da degradação ambiental. Mas o que se espera é que reconheçam os próprios erros e encontrem formas de interação, orientadas para o bem comum.

5. As religiões no diálogo com as ciências

199. Não se pode sustentar que as ciências empíricas expliquem completamente a vida, a essência íntima de todas as criaturas e o conjunto da realidade. Realmente, é ingênuo pensar que os princípios éticos possam ser apresentados de modo puramente abstrato, desligados de todo o contexto, e o fato de aparecerem com uma linguagem religiosa não lhes tira valor algum no debate público.

200. Qualquer solução técnica que as ciências pretendam oferecer será impotente para resolver os graves problemas do mundo, se a humanidade perde seu rumo. Não se pode perder de vista as grandes motivações que tornam possível a convivência social, como o sacrifício e a bondade. Aos que creem é preciso insistir que se nutram do amor, da justiça e da paz.

201. A maior parte dos habitantes do planeta declara-se crente, e isto deveria levar as religiões a estabelecerem diálogo

entre si, visando o cuidado da natureza, a defesa dos pobres, a construção de uma trama de respeito e de fraternidade. De igual modo é indispensável um diálogo entre as próprias ciências, porque cada uma costuma fechar-se nos limites da sua própria linguagem, e a especialização tende a converter-se em isolamento e absolutização do próprio saber.

Capítulo VI – Educação e espiritualidade ecológicas

202. Reorientar o rumo depende de muitas coisas, mas antes de tudo é a humanidade que precisa mudar. Falta a consciência de uma origem comum, de uma recíproca pertença e de um futuro partilhado por todos. Surge, assim, um grande desafio cultural, espiritual e educativo que implicará longos processos de regeneração.

1. Apontar para outro estilo de vida

203. Dado que o mercado tende a criar um mecanismo consumista compulsivo para vender os seus produtos, as pessoas acabam sendo arrastadas pelo turbilhão das compras e gastos supérfluos. O consumismo obsessivo é o reflexo subjetivo do paradigma tecnoeconômico.

204. A situação atual do mundo "gera um sentido de precariedade e insegurança, que, por sua vez, favorece formas de egoísmo coletivo". Quando as pessoas se tornam autorreferenciais e se isolam na própria consciência, aumentam a sua voracidade: quanto mais vazio está o coração da pessoa tanto mais necessita de objetos para comprar, possuir e consumir. Nesta situação, a pessoa tem dificuldade em aceitar que a realidade lhe assinale limites.

205. Mas nem tudo está perdido, porque os seres humanos, capazes de tocar o fundo da degradação, podem também

superar-se, voltar a escolher o bem e regenerar-se, para além de qualquer condicionalismo psicológico e social que lhes seja imposto. Não há sistemas que anulem, por completo, a abertura ao bem, à verdade e à beleza, nem a capacidade de reagir que Deus continua a animar no mais fundo dos nossos corações.

206. Uma mudança nos estilos de vida poderia chegar a exercer uma pressão salutar sobre quantos detêm o poder político, econômico e social. Verifica-se isto quando os movimentos de consumidores conseguem que se deixe de adquirir determinados produtos e assim se tornam eficazes na mudança do comportamento das empresas, forçando-as a reconsiderar o impacto ambiental e os modelos de produção.

207. A Carta da Terra convidava-nos, a todos, a começar de novo, deixando para trás uma etapa de autodestruição, mas ainda não desenvolvemos uma consciência universal que o torne possível. Por isso, "como nunca antes na história, o destino comum obriga-nos a procurar um novo início".

208. Sempre é possível desenvolver uma nova capacidade de sair de si mesmo rumo ao outro. A atitude basilar de se autotranscender, rompendo com a consciência isolada e a autorreferencialidade, é a raiz que possibilita todo o cuidado dos outros e do meio ambiente.

2. *Educar para a aliança entre a humanidade e o ambiente*

209. A consciência da gravidade da crise cultural e ecológica precisa traduzir-se em novos hábitos. Por isso, estamos perante um desafio educativo.

210. A educação ambiental tem vindo a ampliar os seus objetivos. Se, no começo, estava muito centrada na informação científica, hoje tende também a recuperar os distintos níveis

de equilíbrio ecológico: o interior consigo mesmo, o solidário com os outros, o natural com todos os seres vivos, o espiritual com Deus. A educação ambiental deveria predispor-nos para dar este salto para o Mistério, do qual uma ética ecológica recebe o seu sentido mais profundo.

211. Às vezes, porém, esta educação, chamada a criar uma "cidadania ecológica", limita-se a informar e não consegue fazer maturar hábitos. A existência de leis e normas não é suficiente, a longo prazo, para limitar os maus comportamentos, mesmo que haja um válido controle. A doação de si mesmo num compromisso ecológico só é possível a partir do cultivo de virtudes sólidas.

212. E não se pense que estes esforços são incapazes de mudar o mundo. Estas ações espalham, na sociedade, um bem que frutifica sempre para além do que é possível constatar; provocam, no seio desta terra, um bem que sempre tende a difundir-se, por vezes invisivelmente.

213. Vários são os âmbitos educativos: a escola, a família, os meios de comunicação, a catequese, e outros. Uma boa educação escolar em tenra idade coloca sementes que podem produzir efeitos durante toda a vida. Mas quero salientar a importância central da família, lugar onde se cultivam os primeiros hábitos de amor e cuidado da vida.

214. Compete à política e às várias associações um esforço de formação das consciências da população. Naturalmente compete também à Igreja. Todas as comunidades cristãs têm um papel importante a desempenhar nesta educação.

215. Neste contexto, "não se deve descurar nunca a relação que existe entre uma educação estética apropriada e a preservação de um ambiente sadio". Prestar atenção à beleza e amá-la ajuda-nos a sair do pragmatismo utilitarista.

3. A conversão ecológica

216. A grande riqueza da espiritualidade cristã, proveniente de vinte séculos de experiências pessoais e comunitárias, constitui uma magnífica contribuição para o esforço de renovar a humanidade. Aquilo que o Evangelho nos ensina tem consequências no nosso modo de pensar, sentir e viver.

217. Se "os desertos exteriores se multiplicam no mundo é porque os desertos interiores se tornaram tão amplos"; a crise ecológica é um apelo a uma profunda conversão interior. Falta, pois, uma *conversão ecológica*, que comporta deixar emergir, nas relações com o mundo que os rodeia, todas as consequências do encontro com Jesus.

218. Recordemos o modelo de São Francisco de Assis, para propor uma sã relação com a criação como dimensão da conversão integral da pessoa. Isto exige também reconhecer os próprios erros, pecados, vícios ou negligências, e arrepender-se de coração, mudar a partir de dentro.

219. Todavia, para se resolver uma situação tão complexa como esta que enfrenta o mundo atual, não basta que cada um seja melhor. Os indivíduos isolados podem perder a capacidade e a liberdade de vencer a lógica da razão instrumental e acabam por sucumbir a um consumismo sem ética nem sentido social e ambiental. Aos problemas sociais não se responde com a mera soma de bens individuais, mas com redes comunitárias. A conversão ecológica é também uma conversão comunitária.

220. Esta conversão comporta várias atitudes que se conjugam para ativar um cuidado generoso e cheio de ternura. Em primeiro lugar, implica gratidão e gratuidade, ou seja, um reconhecimento do mundo como dom recebido do amor do Pai, que consequentemente provoca disposições gratuitas de renúncia e gestos generosos, mesmo que ninguém os veja nem

agradeça. Implica ainda a consciência amorosa de não estar separado das outras criaturas, mas de formar com os outros seres do universo uma estupenda comunhão universal.

221. Ajudam a enriquecer o sentido de tal conversão várias convicções da nossa fé, como, por exemplo, a consciência de que cada criatura reflete algo de Deus e tem uma mensagem para nos transmitir, ou a certeza de que Cristo assumiu em si mesmo este mundo material, e, agora, ressuscitado, habita no íntimo de cada ser, envolvendo-o com o seu carinho e penetrando-o com a sua luz.

4. Alegria e paz

222. A espiritualidade cristã propõe uma forma alternativa de entender a qualidade de vida, encorajando um estilo de vida profético e contemplativo, capaz de gerar profunda alegria, sem estar obcecado pelo consumo. A espiritualidade cristã propõe um crescimento na sobriedade e uma capacidade de se alegrar com pouco. É um regresso à simplicidade que nos permite parar a saborear as pequenas coisas, agradecer as possibilidades que a vida oferece sem nos apegarmos ao que temos nem entristecermos por aquilo que não possuímos.

223. A sobriedade, vivida livre e conscientemente, é libertadora. Não se trata de menos vida, nem vida de baixa intensidade; é precisamente o contrário. Com efeito, as pessoas que saboreiam mais e vivem melhor cada momento são aquelas que não estão sempre à procura do que não têm e experimentam o que significa dar apreço a cada pessoa e a cada coisa.

224. A sobriedade e a humildade não tiveram positiva consideração no século passado. O desaparecimento da humildade, num ser humano excessivamente entusiasmado com a possibilidade de dominar tudo sem limite algum, só pode

acabar por prejudicar a sociedade e o meio ambiente. Não é fácil desenvolver esta humildade sadia e uma sobriedade feliz se nos tornamos autônomos, se excluímos Deus da nossa vida, fazendo o nosso eu ocupar o seu lugar.

225. Por outro lado, ninguém pode amadurecer numa sobriedade feliz se não estiver em paz consigo mesmo. A paz interior das pessoas tem muito a ver com o cuidado da ecologia e com o bem comum, porque, autenticamente vivida, se reflete num equilibrado estilo de vida aliado com a capacidade de admiração que leva à profundidade da vida. Uma ecologia integral exige que se dedique algum tempo para recuperar a harmonia serena com a Criação.

226. Falamos aqui de uma atitude do coração, que vive tudo com serena atenção, que sabe manter-se plenamente presente diante de uma pessoa sem pensar no que virá depois, que se entrega a cada momento como um dom divino que se deve viver em plenitude.

227. Uma expressão desta atitude é parar e agradecer a Deus antes e depois das refeições. Proponho aos crentes que retomem este hábito importante e o vivam profundamente.

5. Amor civil e político

228. O cuidado da natureza faz parte de um estilo de vida que implica capacidade de viver juntos e em comunhão. Jesus lembrou-nos de que temos Deus como nosso Pai comum e que isto nos torna irmãos. O amor fraterno só pode ser gratuito. Esta mesma gratuidade leva-nos a falar de uma *fraternidade universal*.

229. É necessário voltar a sentir que precisamos uns dos outros, que temos uma responsabilidade para com os outros e o mundo, que vale a pena ser bons e honestos.

230. Uma ecologia integral é feita também de simples gestos cotidianos, pelos quais quebramos a lógica da violência, da exploração, do egoísmo. O mundo do consumo exacerbado é, simultaneamente, o mundo que maltrata a vida em todas as suas formas.

231. O amor, cheio de pequenos gestos de cuidado mútuo, é também civil e político, manifestando-se em todas as ações que procuram construir um mundo melhor. O amor à sociedade e o compromisso pelo bem comum são uma forma eminente de caridade, que toca não só as relações entre os indivíduos, mas também "as macrorrelações como relacionamentos sociais, econômicos, políticos".

232. Nem todos são chamados a trabalhar de forma direta na política, mas no seio da sociedade floresce uma variedade inumerável de associações que intervêm em prol do bem comum, defendendo o meio ambiente natural e urbano.

6. Os sinais sacramentais e o descanso celebrativo

233. O universo desenvolve-se em Deus, que o preenche completamente. E, portanto, há um mistério a contemplar numa folha, numa trilha, no orvalho, no rosto do pobre. O ideal não é só passar da exterioridade à interioridade para descobrir a ação de Deus na alma, mas também chegar a encontrá-lo em todas as coisas.

234. São João da Cruz ensinava que tudo o que há de bom nas coisas e experiências do mundo "encontra-se eminentemente em Deus de maneira infinita ou, melhor, ele é cada uma destas grandezas que se pregam". E isto não porque as coisas limitadas do mundo sejam realmente divinas, mas porque o místico experimenta a ligação íntima que há entre Deus e todos os seres vivos.

235. Os sacramentos constituem um modo privilegiado em que a natureza é assumida por Deus e transformada em mediação da vida sobrenatural. A água, o azeite, o fogo e as cores são assumidas com toda a sua força simbólica e incorporam-se no louvor. A mão que abençoa é instrumento do amor de Deus e reflexo da proximidade de Cristo, que veio para se fazer nosso companheiro no caminho da vida. A água derramada sobre o corpo da criança batizada é sinal de vida nova.

236. A Criação encontra a sua maior elevação na Eucaristia. A graça, que tende a manifestar-se de modo sensível, atinge uma expressão maravilhosa quando o próprio Deus, feito homem, chega ao ponto de fazer-se alimento para sua criatura. No apogeu do mistério da Encarnação, o Senhor quer chegar ao nosso íntimo através de um pedaço de matéria. Não o faz de cima, mas de dentro, para podermos encontrá-lo no nosso próprio mundo.

237. A participação na Eucaristia é especialmente importante no domingo. O domingo é o dia da Ressurreição, o "primeiro dia" da nova criação, garantia da transfiguração final de toda a realidade criada. Além disso, este dia anuncia "o descanso eterno do homem, em Deus". Assim, a espiritualidade cristã integra o valor do repouso e da festa.

7. A trindade e a relação entre as criaturas

238. O mundo foi criado pelas três Pessoas como um único princípio divino, mas cada uma delas realiza esta obra comum segundo a própria identidade pessoal. Por isso, "quando, admirados, contemplamos o universo na sua grandeza e beleza, devemos louvar a inteira Trindade".

239. Para os cristãos, acreditar num Deus único que é comunhão trinitária, leva a pensar que toda a realidade contém em si mesma uma marca propriamente trinitária.

240. As Pessoas divinas são relações subsistentes; e o mundo, criado segundo o modelo divino, é uma trama de relações. As criaturas tendem para Deus; e é próprio de cada ser vivo tender, por sua vez, para outra realidade, de modo que, no seio do universo, podemos encontrar uma série inumerável de relações constantes que secretamente se entrelaçam.

8. A rainha de toda a Criação

241. Maria, a mãe que cuidou de Jesus, agora cuida com carinho e preocupação materna deste mundo ferido. Assim como chorou com o coração trespassado a morte de Jesus, assim também agora se compadece do sofrimento dos pobres crucificados e das criaturas deste mundo exterminadas pelo poder humano. Por isso, podemos pedir-lhe que nos ajude a contemplar este mundo com um olhar mais sapiente.

242. E ao lado dela, na sagrada família de Nazaré, destaca-se a figura de São José. Com o seu trabalho e presença generosa, cuidou e defendeu Maria e Jesus e livrou-os da violência dos injustos, levando-os para o Egito. No Evangelho, aparece descrito como um homem justo, trabalhador, forte; mas, da sua figura, emana também uma grande ternura, própria não de quem é fraco, mas de quem é verdadeiramente forte, atento à realidade para amar e servir humildemente. Também ele nos pode ensinar a cuidar, pode motivar-nos a trabalhar com generosidade e ternura para proteger este mundo que Deus nos confiou.

9. Para além do sol

243. Em nosso horizonte está nosso encontro face a face com a beleza infinita de Deus (cf. *1Cor* 13,12) e poderemos ler, com jubilosa admiração, o mistério do universo, o qual terá parte conosco na plenitude sem fim. Estamos caminhando

para o sábado da eternidade, para a nova Jerusalém, para a casa comum do Céu. A vida eterna será uma maravilha compartilhada, onde cada criatura, esplendorosamente transformada, ocupará o seu lugar e terá algo para oferecer aos pobres definitivamente libertados.

244. Na expectativa da vida eterna, unimo-nos para tomar a nosso cargo esta casa que nos foi confiada, sabendo que aquilo de bom que há nela será assumido na festa do Céu.

245. Deus, que nos chama a uma generosa entrega e a oferecer-lhe tudo, também nos dá as forças e a luz de que necessitamos para continuar o caminho. No coração deste mundo, permanece presente o Senhor da vida que tanto nos ama. Não nos abandona, não nos deixa sozinhos, porque se uniu definitivamente à nossa terra e o seu amor sempre nos leva a encontrar novos caminhos. Que ele seja louvado!

Considerações finais

Já não se pode dizer que a Igreja Católica carece de sensibilidade ecológica ou que tenha perdido de vista a mediação da Criação na relação com Deus, tal como o fez Francisco de Assis. A revelação bíblica e a espiritualidade cristã sempre foram referenciais para uma relação interativa e respeitosa com a natureza criada, mas é preciso reconhecer que não foram os cristãos que empunharam a defesa da ecologia, em tempos de agressão e de depredação da "casa comum". A comunidade científica e os movimentos ecológicos da sociedade civil foram os primeiros a dar o grito de alarme, felizmente, logo respaldados por muitas outras vozes, também por parte das religiões, incluído o cristianismo. Agora, a Igreja Católica oferece ao mundo um documento de peso, bem fundamentado, corajoso e desafiante para a humanidade, em especial para os atores de uma economia e um estilo de vida que puseram em risco a vida humana e seus ecossistemas.

A *Laudato Si'* é um documento que teve ampla recepção da comunidade científica e de organismos da sociedade civil comprometidos com o cuidado e a defesa da ecologia. Isso se deve, também, ao tema, à linguagem coloquial e acessível do texto, mas, sobretudo, por estar endereçado a todas as "pessoas de boa vontade", tal como o faziam o Papa João XXIII, seguido por Paulo VI. Nos últimos tempos, a Igreja Católica tinha voltado a falar para dentro dela mesma, endereçando seus documentos, inclusive do magistério social, aos fiéis católicos, ao clero, quando não exclusivamente aos bispos. Evangelização, pastoral ou salvação tem a ver com vida, com "vida em abundância", uma causa que transcende os muros eclesiais e das confissões religiosas. E com muito mais razão a questão da ecologia, pois é a vida da humanidade como um todo que está em risco.

Temos em mãos um precioso documento que dá ao magistério pontifício na atualidade uma marca profética. É de alegrar-se com sua excelente recepção fora dos meios eclesiais. Entretanto, como é um documento da Igreja Católica, nós, os católicos, somos os que têm a maior responsabilidade de levá-lo a sério. Não se pode simplesmente falar para os outros o que se deve fazer para salvar a todos e, nós mesmos, ficarmos de fora, não levando as diretrizes emanadas à prática. Sobretudo no período pós-conciliar, a Igreja Católica produziu excelentes documentos, mas em que medida tiveram uma efetiva repercussão nos processos pastorais, no seio das Igreja locais? O Papa Francisco precisa ser levado mais a sério por todos os fiéis engajados em processos pastorais nas comunidades eclesiais, em especial pelo clero, os bispos.

Cabe às Igrejas locais, às Dioceses, incluir uma "pastoral da ecologia" nos planos de pastoral diocesanos e paroquiais, com indicações programáticas concretas. E como se trata de uma questão que transcende os muros eclesiais, é preciso uma ação abrangente, em parceria com a Igreja, religiões, poder público e sociedade civil organizada. E não simplesmente uma ação em âmbito local, mas, desde o local, uma ação articulada em âmbito nacional e internacional. Neste particular, as Conferências Episcopais em âmbito nacional e continental têm um papel importante. É neste âmbito que se pode interagir mais diretamente com a sociedade civil organizada. Pois é sobretudo a sociedade civil que precisa gerir os Estados, fiscalizando as autoridades constituídas e exigindo delas medidas urgentes de defesa e cuidado com a ecologia. O meio empresarial, os promotores do livre mercado e da tecnocracia, os propagadores do consumismo, o sistema financeiro, os maiores responsáveis por uma economia de rapinagem, que depreda a natureza e coisifica o ser humano, não podem continuar agindo livre e impunemente. Não só o futuro da humanidade está em risco. Seu presente já é muito ruim, em especial para os pobres, as primeiras vítimas da crise ecológica, que somam seu grito ao grito da Terra.

Orgulha-nos ter um Papa com a sensibilidade ecológica do Papa Francisco. Que não tenhamos, nós os católicos, de nos envergonhar por um corajoso e profético documento ter tido maior recepção fora do que dentro de nossa Igreja. Sobretudo quando os efeitos da agressão à "mãe Terra" ou da falta de cuidado de nossa "casa comum" vierem fazer minguar ainda mais a vida, que Deus a deseja em plenitude, para todos seus filhos e criaturas.

Referências bibliográficas

ANTONCICH, R.; SANS, J. M. *Ensino Social da Igreja*. Petrópolis, RJ: Vozes, 1986.

BASTOS DE ÁVILA, F. *Pequena Enciclopédia de Doutrina Social da Igreja*. São Paulo: Loyola, 1991.

BIGO, P.; BASTOS DE ÁVILA, F. *Fé cristã e compromisso social*: elementos para uma reflexão sobre a América Latina à luz da Doutrina Social da Igreja. São Paulo: Paulinas, 1886.

BOFF, L. A encíclica do Papa Francisco não é "verde", é integral. In: MURAD, A.; TAVARES, S. *Cuidar da casa comum*: chaves de leitura teológicas e pastorais da *Laudato Si'*. São Paulo: Paulinas, 2016. p. 15-23.

BOFF, L. *Ecologia: grito da terra, grito dos pobres*. Rio de Janeiro: Sextante, 2004.

BOFF, L. *Saber cuidar: ética do humano* – Compaixão pela terra. Petrópolis, RJ: Vozes, 1999.

BOFF, L. *Sustentabilidade*: o que é – o que não é. Petrópolis, RJ: Vozes, 2012.

BONNIN, E. *Naturaleza de la Doctrina Social de la Iglesia*: análisis del aspecto teórico, histórico y práctico. México: Instituto Mexicano de Doctrina Social de la Iglesia/UPM, 1990.

BRIGHENTI, A. A evolução do conceito de Ecologia no Ensino Social da Igreja. In: MURAD, A.; TAVARES, S. *Cuidar da casa comum*: chaves de leitura teológicas e pastorais da *Laudato Si'*. São Paulo: Paulinas, 2016. p. 52-64.

CAMACHO, I. *Cien años de Doctrina Social de la Iglesia*. Madrid: Sal Terrae, 1991.

CAMACHO, I. *Doutrina Social da Igreja*. São Paulo: Loyola, 1995.

CAPRA, F. "Educação". In: TRIGUEIRO, A. (org.). *Meio ambiente no século XXI*. Rio de Janeiro: Sextante, 2003.

COELHO, J. S. *Iniciación a la Doctrina Social de la Iglesia*. Madrid: San Pablo, 1995.

CONFERÊNCIA NACIONAL DOS BISPOS DO BRASIL. Setor Pastoral Social. *A Igreja e a questão ecológica*. São Paulo: Paulinas, 1992.

CONGREGAÇÃO PARA A EDUCAÇÃO CATÓLICA. *Orientaciones para el estudio y enseñanza de la Doctrina Social de la Iglesia*. Bogotá: Paulinas, 1989. (Documentos de la Iglesia 113).

CRUZ, E. R. (org.). *Teologia e ciências naturais*: teologia da criação, ciências e tecnologia em diálogo. São Paulo: Paulinas, 2011.

FERRARO, B. *Laudato si'* e a opção pelos pobres. In: MURAD, A.; TAVARES, S. *Cuidar da casa comum*: chaves de leitura teológicas e pastorais da *Laudato Si'*. São Paulo: Paulinas, 2016, p. 65-72.

FRANCISCO. *Encíclica "Laudato si'" sobre o cuidado da casa comum*. São Paulo: Paulinas, 2015.

GARCÍA JIMÉNEZ, J. I. El diálogo en *Laudato si'*. In: GIMÉNEZ-RICO, E. S. (ed.). *Cuidar de la tierra, cuidar de los pobres*. Maliaño: Editorial Sal Terrae, 2015. p. 125-140.

GUTIÉRREZ, E. *De Leão XIII a João Paulo II*: cem anos de Doutrina Social da Igreja. São Paulo: Paulinas, 1990.

JOSAPHAT, C. *Laudato Si'* na perspectiva da Doutrina Social da Igreja. In: PASSOS, J. D. (org.). *Diálogos no interior da casa comum*. São Paulo: Paulus, 2016. p. 25-49.

JUNGES, J. R. *(Bio)Ética ambiental*. São Leopoldo: Unisinos, 2010.

KERBER, G. *O ecológico e a teologia latino-americana*. Porto Alegre: Sulina, 2006.

MAÇANEIRO, M. A ecologia e o ensino social da Igreja: inscrição e alcances de um paradigma. In: ZACHARIAS, R.; MANZINI, R. (org.). *Magistério e Doutrina Social da Igreja*. São Paulo: Paulinas, 2016. p. 230-283.

MOLTMANN, J. *Dios en la creación*: doctrina ecológica de la creación. Salamanca: Sígueme, 1987.

MURAD, A. Contemplar la belleza, garantizar la casa común. Una llamada a la vida consagrada en *Laudato Si'*. *Revista CLAR*, v. 54, n. 4, p. 44-57, 2016.

MURAD, A. (org.). *Ecoteologia*: um mosaico. São Paulo: Paulus, 2016.

MURAD, A.; TAVARES, S. S. (org.). *Cuidar da casa comum*: chaves de leitura teológicas e pastorais da *Laudato Si'*. São Paulo: Paulinas, 2016.

OLIVEIRA, M. A. O paradigma tecnocrático. In: MURAD, A.; TAVARES, S. *Cuidar da casa comum*: chaves de leitura teológicas e pastorais da *Laudato Si'*. São Paulo: Paulinas, 2016. p. 129-145.

PANIKAR, R. *Ecosofía*: para una espiritualidad de la tierra. Madrid: San Pablo, 1994.

PASSOS, J. D. (org.). *Diálogos no interior da casa comum*: recepções interdisciplinares sobre a encíclica *Laudato Si'*. São Paulo: Paulus, 2016.

PONTIFÍCIO CONSELHO JUSTIÇA E PAZ. *Compêndio da Doutrina Social da Igreja*. São Paulo: Paulinas, 2007.

RIECHMANN, J. *Un mundo vulnerable*: ensayos sobre ecología, ética y tecnociência. 2. ed. Madrid: Catarata, 2005.

SUSIN, L. S. Conversão ecológica: "conversão da conversão". In: MURAD, A.; TAVARES, S. *Cuidar da casa comum*: chaves de leitura teológicas e pastorais da *Laudato Si'*. São Paulo: Paulinas, 2016. p. 40-51.